hänssler

DORON
SCHNEIDER

ISRAEL
MEHR ALS MAN DENKT

HÖHEPUNKTE AUS DEM GEISTLICHEN,
POLITISCHEN UND PERSÖNLICHEN ISRAEL

Hänssler-Taschenbuch
Bestell-Nr. 394.817
ISBN 978-37751-4817-7

© Copyright 2007 by Hänssler Verlag, D-71087 Holzgerlingen
Internet: www.haenssler.de
E-Mail: info@haenssler.de
Umschlaggestaltung: Jens Vogelsang, Aachen
Titelbild: Mittelmeerküste vor Tel Aviv, © Raffi Rondel
Satz: typoscript GmbH, Kirchentellinsfurt
Druck und Bindung: Ebner & Spiegel, Ulm
Printed in Germany

Sofern nicht anders angegeben, sind die Bibelzitate
aus folgender Ausgabe entnommen:
Neues Leben. Die Bibel, © Copyright der deutschen Ausgabe
2002 und 2005 by Hänssler Verlag, D-71087 Holzgerlingen.

Die mit „ELÜ" gekennzeichneten Bibelzitate sind folgender
Ausgabe entnommen:
Revidierte Elberfelder Bibel, © 1985/1991/2006
R. Brockhaus Verlag Wuppertal.

Die mit „Schlachter" gekennzeichneten Bibelstellen sind folgender
Ausgabe entnommen:
Die Bibel. Übersetzt von Franz Eugen Schlachter nach dem hebräischen
und griechischen Grundtext, © 2000 Genfer Bibelgesellschaft.

Inhalt

Vorwort 7

Streng geheim! 9

Bist du schon verheiratet?............................ 15

Jesus in den jüdischen Festen......................... 20

Rasender Reporter 25

Hat Gott die Juden lieber als die Heiden? 30

Jemand muss mal die Wahrheit sagen.............. 38

Der unendliche Konflikt.............................. 44

Ja, Israel braucht Trost 48

Die Nacht im Flüchtlingslager von Jenin 51

Sind mit den „Wächtern" die Christen
gemeint?.. 55

Sorgen die Gebote des Alten Testamentes für
Sicherheit? 58

Ist Allah Gott? 61

Nur ein kleiner Schritt vom Islam zum Jihad....... 64

Als Missionar in Israel............................... 69

Kaltblütig ermordet.................................. 74

„Halt, oder ich schieße!"............................. 77

Kann eine Nation an einem Tag entstehen?........ 80

Sie müssen nicht dabei sein!......................... 84

Der Medientrick 89

Kinder führten mich zu Jesus 92

Flüchtlingslager als Druckmittel 95

Mit dem Schofarhorn ins Königreich............... 100

Wem gehören Jerusalem und das Land Israel? 103

Ich weiß, wann Jesus wiederkommt................. 107

Die vergessenen Flüchtlinge 110

Warum soll ich Israel lieben? 114

Militär – manchmal hart, manchmal lustig........ 118

Wie fühlt sich ein Israeli?............................. 122

Nachwort... 126

Vorwort

Es ist nicht einfach, heutzutage auf der Seite Israels zu stehen, weil es in vielen Kreisen nicht mehr populär ist. Es wird immer stressiger für Israelfreunde, sich öffentlich zu Israel zu bekennen. Die Gegner Israels dagegen haben nicht die geringsten Hemmungen, sich lautstark gegen Israel zu erklären.

Durch dieses Buch versuche ich, mit Gottes Hilfe den Israelfreunden zu helfen, Israel besser zu „vermarkten". Durch ein geistliches, persönliches und biblisches sowie besser fundiertes Wissen über Israel ist Ihnen und Ihren Freunden geholfen.

Ich bin in Israel aufgewachsen und habe den dreijährigen Militärdienst in der IDF (Israel Defence Force) bzw. israelischen Marine hinter mir. Jetzt lebe ich mit meiner Familie in einer großen Siedlungsstadt im Judäischen Gebirge in Maale-Adummim.

Da ich in Deutschland geboren bin und mehrmals im Jahr auf Vortragsreisen zurück nach Deutschland komme, sehe ich den Auftrag von Gott, eine Art Brücke zum richtigen Verständnis zwischen Israel und dem deutschsprachigen Raum zu sein.

Die einseitigen Medienberichte und vorhandenen Mentalitätsunterschiede benötigen einen Vermittler für ein objektives Verständnis des Geschehens in Israel.

In diesem Buch werden Sie eine absichtlich „zusammengeworfene" Sammlung von geistlichen, persönlichen und politischen Höhepunkte finden, die Ihnen einen Einblick in die verschiedenen Aspekte Israels geben.

Sie werden feststellen, dass Israel viel mehr zu bieten hat, als man allgemein denkt.

Streng geheim!

Winter 1988: Der Regen nimmt kein Ende, der Wind pfeift uns um die Ohren und die Kriegsschiffe schaukeln hin und her im Militärhafen von Haifa. Für die Schiffscrew war es ein normaler Manövertag. Ich gehörte zur israelischen Marine. Wir verließen den Hafen und entfernten uns immer mehr von der Küstenstadt Haifa. Haifa mit dem Karmelberg, auf dem der Prophet Elia uns aufforderte, sich für oder gegen Gott zu entscheiden. Jene Stadt im Norden Israels wurde vor unseren Augen immer kleiner. Jeder war auf seiner Position, bereit für den nächsten Befehl.

Das Meer war stürmisch. Das Prallen der Wellen gegen unser schmales Raketenschiff machte unheimliche Geräusche. Ich saß mit meinem Kameraden auf meinem Posten über der Schiffsbrücke, wo auch der Kapitän mit dem Steuermann stand und auf den Horizont schaute. Der kleine Gestellkorb, in dem wir saßen, drehte sich mit Hilfe eines Joysticks um 360 Grad und war etwas höher als die Brücke, deshalb spürten wir jedes Schaukeln mehr als alle anderen der Mannschaft. Das Raketenschiff schoss vorne in die Höhe und bohrte sich dann ins einige Meter ins tiefe Meer, kam aufs neue hoch ... Immer, wenn wir den Himmel wieder sahen, fühlten wir eine Erleichterung. So ging das Stunde um Stunde, hoch und wieder in die Tiefe.

Meine Aufgabe war es, mit meinem Kollegen durch zwei große Fernrohre weit entfernte feindliche Objekte zu suchen, die unser Radar auf dem Bildschirm nicht entdecken konnte. Zu unserem Bereich gehörten auch die Abschussknöpfe aller Kanonen. Der rote Knopf für die Raketen war mit einem Schutzhebel abgesichert.

Dann kam ein Befehl durch die Lautsprecher. Wir verließen unsere Position und sprangen aufs Deck, rannten zum hinteren Teil, wo das Schlauchboot für Spezialoperationen festgebunden war. Wir lösten es in unwahrscheinlicher Geschwindigkeit und versuchten ständig, uns dabei mit einer Hand irgendwo festzuhalten, damit wir nicht ins tiefe Meer stürzten, denn die Wellen hatten keinen Beruhigungsbefehl bekommen. Dann war es soweit, wir hievten das Schlauchboot hinunter ins tobende Wasser. Nur ein Seil hielt das schaukelnde Boot fest. Einer nach dem anderen sprang vom Deck in das Schlauchboot. Als ich dran war, war es schon fast vollbesetzt. Wir fuhren nach Westen in eine ungewisse Richtung. Es war stockfinster. Nach einer Stunde entdeckten wir die Küste und hielten Ausschau nach einem Landeort. Dort trainierten wir einige Übungen und kehrten bei Nacht wieder zurück zu unserem Schiff, das weit draußen im Meer auf uns wartete.

Wir konnten uns nicht richtig ausruhen, noch nicht einmal eine trockene Uniform anziehen, als schon der nächste Befehlsruf durch die Lautsprecher tönte. Wir befanden uns wieder auf dem Schlauchboot Richtung Küste. Dann traf uns eine Riesenwelle, alles an uns triefte. Wir spürten die Eiseskälte durch die nassen Uniformen bis auf die Knochen.

Diese Übungen wiederholten sich fast täglich einen ganzen Monat lang. Wir hatten keine Ahnung, worauf wir vorbereitet wurden.

An einem Sonntagmorgen machten wir uns für eine längere Fahrt startklar und luden das Schiff voll mit Proviant für einige Wochen. Die ganze Mannschaft wurde für eine geheime Operationsbesprechung zusammengerufen.

Kurz danach befanden wir uns auf dem Weg nach ..., ein arabisches Land. Dort wohnte ein PLO-Terrorist, der sehr viele Israelis auf seinem Gewissen hatte, denn er plante Terroranschläge, beauftragt von Arafat. (Den Namen dieser Person zu nennen, ist mir nicht erlaubt.) Zu seinen Terroranschlägen gehörte u. a. der Anschlag auf ein Hotel in Jerusalem, bei dem 1975 acht Israelis ums Leben gekommen waren. Ferner ein Küstenmassaker, bei dem ein israelischer Linienbus entführt und in die Luft gesprengt wurde – 36 tote Israelis. Dieser PLO-Terrorist schickte viel Geld an arabische Jugendorganisationen, in den sogenannten besetzten Gebieten, um damit die erste Intifada 1987 in Gang zu bringen. Dies musste gestoppt werden.

Es war eine lange spannungsvolle Schifffahrt. Das Meer spielte dieses Mal mit und war total ruhig. So ruhig, dass die Spannung immer intensiver wurde je mehr wir uns dem Ziel näherten. Noch ahnten wir nicht, wie gefährlich es für uns als Leitschiff, das den anderen Raketenschiffen weit vorausfuhr, die uns in unsichtbarer Entfernung folgten, werden würde.

Ich war damals 21 Jahre alt, noch nicht an Jesus gläubig, obwohl ich aus einem gläubigen Elternhaus kam. Auf dem ganzen Weg zum Ziel dachte ich mit erhöhten Pulsschlag über mein eventuelles zukünftiges Schicksal nach. Es war eine höchst gefährliche Operation. Die feindliche Marine war viel größer und besser ausgerüstet als unsere israelische. Wir durften nicht entdeckt werden. Wir mussten jedes Schiff auf dem Meer, auch harmlose Frachter, mit einem großen Bogen umfahren, damit wir als Militärschiff keinen Verdacht erweckten. Das Leben von fünf Schiffsmannschaften stand auf dem Spiel.

Es war eine stockfinstere Nacht, der Mond war ausgeschaltet und wir konnten langsam die Lichter der feindlichen Hafenstadt – unser Ziel – durch unser Fernrohr erkennen. Sie wurden immer größer und heller, bis auch die Ampeln und Autolichter zu sehen waren. So nah waren wir der feindlichen Küste gekommen. Alle Lichter auf unserem Schiff waren gelöscht. Dann stoppten wir und der Befehlsruf kam durch die Lautsprecher, diesmal aber mit Hinweis: „Be'essrat Ha'Schem" (Mit Gottes Hilfe). Dies war der Ernstfall, kein Actionfilm von Spielberg. Es ging um Leben und Tod. Um Angst zu haben, gab es keine Zeit. Alles musste blitzschnell gehen. Die Schlauchboote wurden losgebunden und ins Wasser gelassen. An der Küste wartete ein VW-Transporter auf uns israelische Soldaten. Er brachte uns zur Residenz des Massenmörders und Terroristen. Die Klingel in seinem Haus klang harmlos, als seine Frau die Tür öffnete. Sofort kam auch seine Tochter neugierig angesprungen, um zu sehen, wer das sein könnte. Zwei Soldaten brachten beide eilends in Sicherheit in den Nebenraum und sorgten dafür, dass ihnen nichts zustieß. Zwei weitere Kämpfer stürmten in die Wohnung und standen dem brutalen Massenmörder gegenüber. Wer würde zuerst schießen? Nur ein paar Sekunden bevor er auf den Auslöser seiner Pistole drücken konnte, drückten die Israelis ab. „Das ist für Yitzhak Cohen und seine ganze Familie, die ich gut kannte. Sie hat immer nur nach Frieden mit euch Arabern gestrebt. Die anderen Kugeln sind für die anderen vielen israelischen Familien, die durch deine blutigen Hände umkamen", sagte mein Kamerad zu ihm. Jetzt war auch er tot! Nur Gott weiß, wie viele Israelis heute noch am Leben sind, weil dieser Massenmörder durch diese Aktion keine Anschläge mehr ausführen konnte.

So schnell wie wir kamen, zogen wir uns auch wieder zurück. Wir hatten unser Schiff wieder im Blick. Funkverbindungsnähe war erreicht, als wir auf hebräisch im Geheimcode gefragt wurden „Seid ihr das?" Ja! So kletterten wir wieder auf unser Schiff.

Sehr schnell realisierten wir, dass wir uns jetzt in einer neuen Gefahr befanden. Wenn die feindlichen Sicherheitskräfte schnell genug auf den Gedanken kommen würden, dass israelische Kriegsschiffe sich so dicht an ihrer Küste befänden, hätte das nicht gut für uns ausgesehen. Sie hätten uns sofort mit ihren modernen Raketen beschossen.

Unsere einzige Verteidigungsmöglichkeit wären in diesem Fall unsere Abwehrraketen gewesen. Plötzlich entdeckte die Elektronikabteilung, die für diese Abwehrraketen verantwortlich war, dass es ein technisches Problem gab. Das ganze System war außer Betrieb. Sie testeten alle Knöpfe. Das System war tot. Wir befanden uns schon auf der Rückfahrt, aber ohne Verteidigungs-möglichkeiten gegen eventuelle feindliche Angriffe. Es herrschte eine unwahrscheinliche Stille und Spannung. Fast konnte man hören, wie der Schweiß von unserer Stirn tropfte. Wir befanden uns nur ein paar Kilome-ter von der feindlichen Küste, aber tausende Kilometer von unserer sicheren Heimat entfernt. Ich konnte das „Schema Israel"-Gebet von einigen Soldaten hören. Das Gebet, das vor dem Sterben gebetet wird.

Das führte auch mich zum Beten und so bat ich Gott um Hilfe, obwohl ich damals eigentlich nicht glaubte, erhört zu werden, da ich so ein weltliches Leben führte und mein Leben Jesus noch nicht übergeben hatte. Aber in solchen Situationen versucht man alles, um zu überleben. Unglaublich aber wahr: Kurz nach dem Amen knisterte der Lautsprecher und dann wurde durch-gegeben „Das Abwehrsystem funktioniert wieder!" Mir kamen die Tränen vor Freude.

Gott hilft uns, auch wenn wir ihm nicht treu waren. Er steht weiterhin treu zu uns. Er kommt durch seine Treue zu seinem Ziel mit jedem von uns. Wie er auch Israel gegenüber all die Jahre treu gewesen war und ist, ob-wohl Israel ihm meistens den Rücken kehrte. Gott hat einen Bund mit Israel geschlossen, den er nie brechen wird.

Bist du schon verheiratet?

Meine drei Militärjahre in der IDF (Israel Defence Force) boten mir nicht viele Möglichkeiten, regelmäßig einen Gottesdienst zu besuchen, wie ich es gewöhnt war (jeden Samstagmorgen mit meinen Eltern). Doch wenn man nicht zum Gottesdienst geht, bekommt man auch nicht die nötige geistliche Nahrung, die man braucht. Ich bin in einem an Jesus gläubigen Elternhaus aufgewachsen. Doch während und nach meiner Militärzeit führte ich ein absolut weltliches Leben. Weil ich nie eine persönliche Entscheidung für ein Leben mit Jesus getroffen hatte, verlor ich das Interesse am Glauben. Ich war aber trotzdem überzeugt, dass Jesus der einzige Weg zur Erlösung war. Mein Wunsch, die Welt auszuprobieren, war jedoch einfach größer.

Direkt nach meiner Armeezeit zog ich aus meinem Elternhaus in Jerusalem aus, mietete mir eine eigene Wohnung und gründete eine eigene Firma – Export für Jerusalemsteine. Ich verschickte tonnenweise Produkte aus Jerusalemstein in alle Welt: Wanduhren aus Jerusalemstein, Grabsteine und Säulen. Die Nächte verbrachte ich in Kneipen und Diskotheken mit Freunden.

Was auch immer ich tat, irgendwie war ich nie in der Lage, es hundertprozentig zu genießen, weil ich mir des falschen Weges bewusst war. So verschwendete ich sechs wertvolle Jahre meines Lebens. Ich hatte immer vor, irgendwann, wenn ich alles ausprobiert hatte, mein

Leben ganz dem Herrn zu widmen. Eines Tages wuchs in mir die Furcht, ich könnte das „Gummiband zu weit ziehen" und zerreißen, wenn ich so weitermachen würde. Das wollte ich auf keinen Fall. Da griff Gott ein.

Ein Film kam mir ins Gedächtnis, den ich in meiner Kindheit bei einer christlichen Jugendfreizeit gesehen hatte. „Joni". Er handelt von einer Frau, die erst, nachdem sie durch einen Kopfsprung ins Wasser gelähmt wurde und im Rollstuhl leben musste, ihr Leben Jesus übergab. Damals fand ich diesen Film eigentlich langweilig. Aber plötzlich erinnerte ich mich an einige Szenen. Ich realisierte, dass Joni Eareckson ihr Leben erst dann Jesus übergab, nachdem sie im Rollstuhl saß. Ich bekam Angst. Die Angst vor der Möglichkeit, dass dieses von mir zu lang gezogene „Gummiband" bald zerreißen könnte, wuchs immer mehr. Die Furcht davor bescherte mir schlaflose Nächte. Ich traute mich kaum noch, Auto zu fahren, obwohl mein teuer erkaufter Sportwagen mit Schiebedach, Holzlenkrad und breiten Reifen mein ganzer Stolz war. Ich spürte einfach, dass Gott mich zu sich ruft. Wenn ich nicht bald mit einem Ja reagieren würde, dann könnte mir etwas zustoßen – Gott bewahre – wie einst Joni im gleichnamigen Film.

Eines Abends in meiner Mietwohnung war ich soweit. Ich überdachte mein sinnloses Leben, genoss zwar einen Moment nach dem anderen, aber es war nie genug. Mir war klar, dass Gott mich rief. Wenn ich jetzt mein Leben mit Gott nicht in Ordnung bringen würde, würde ich es nachher im Rollstuhl tun. Das wollte ich natürlich auf keinen Fall. Wenn, dann wollte ich ihm auch dienen.

Nach all den Jahren ohne Gott hatte ich schon vergessen, wie man betet. Ich kniete mich hin und sprach ein ganz einfaches Gebet. So „unprofessionell" würde ich mich heute im Gottesdienst nicht zu beten trauen: „Gott, ich weiß, dass es dich gibt und bitte dich, mir zu helfen, mein Leben mit dir wieder auf den rechten Pfad zu bringen", dann gab es eine kurze Überlegungspause und weiter: „und wenn du dieses Gebet erhörst, dann erhöre bitte auch meinen zweiten Wunsch und schenk mir eine Frau."

Nichts geschah, kein Engel kam vom Himmel und teilte mir mit, was Gott über mich dachte. Doch nur zwei Tage später, als ich durch Jerusalems Zentrum spazierte, sah ich auf der Ben-Jehuda-Straße ein bildhübsches Mädchen auf mich zukommen. Je näher sie kam, umso besser konnte ich sie wieder erkennen. Sie gehörte zu einer messianischen Gemeinde, die ich in den letzten Jahren ab und zu besuchte, um mein Gewissen zu beruhigen.

Ihren Namen – Ziona – kannte ich noch, aber mehr auch nicht Wir begrüßten uns mit einem Schalom. Ich war ganz durcheinander und wusste nicht, wie ich ein Gespräch beginnen sollte, damit wir uns nach der Begrüßung nicht erst im nächsten Jahr wiedersehen würden. Vielleicht hatte sie inzwischen, seit meinem letzten Gemeindebesuch, schon geheiratet. Ich fragte sie einfach: „Bist du schon verheiratet?" Ich wurde ganz rot. „Nein", sagte sie, „der Prinz auf dem weißen Pferd ist noch nicht eingetroffen!"

Ich fühlte mich damit angesprochen und sah mich auf einem weißen Pferd zu ihr reiten. Erst im Nachhinein erfuhr ich, dass sie in diesem Moment gar keine roman-

tischen Gedanken für mich hatte, sondern rein evangelistische. Sie versuchte, mich wieder in die Gemeinde
zu locken.

Zionas Einladung nahm ich, Prinz Charming, natürlich gerne an. Samstag, 9.30 Uhr. Ich stieg in meinen
Sportwagen, letzter Blick in den Spiegel, und raste zur
Gemeinde. Ich hatte nur Prinzessin Fiona – ups – ich
meinte Ziona in meinen Gedanken. Mit schwarzer Leder-
jacke, die noch nach Zigarettenrauch stank, setzte ich
mich auf den noch freien Platz neben ihr. So naiv wie
ich war, dachte ich, sie hätte ihn für mich freigehalten. Aber dort saß schon jemand, der nur kurz auf der
Toilette war. Von der Predigt habe ich nicht viel mitbekommen. Nach dem Gottesdienst fragte ich sie, ob
sie mit mir bei Gelegenheit eine Tasse Kaffee trinken
würde. Sie hat meine Absicht nicht durchschaut und
holte mir sofort eine Tasse Kaffee aus der Gemeindekü-
che. Ihre Gedanken waren gegenüber meinen geistlich
und rein.

Ein paar Tage später lud ich sie in ein Restaurant ein,
womit ich versuchte sie zu beeindrucken. Erst im Nachhinein erfuhr ich, dass ich jedes Mal ins Fettnäpfchen
bei ihr trat. Angefangen damit, dass ich dachte, sie
meinte mich mit dem Prinzen auf dem weißen Pferd,
über die Vermutung, dass sie mir den Platz freigehalten
habe bis zu dem Gedanken, dass sie lieber in ein einfaches Café mit mir gegangen wäre, anstatt in dieses
luxuriöse Restaurant.

Am folgenden Samstag kam ich wieder in die Gemeinde
und den Samstag danach auch, um sie zu wiederzu-
sehen. Nach einer gewissen Zeit merkte ich in all dem

Gottes Hand. Er hat seine unterschiedlichen Wege mit jedem von uns. Er wusste, dass es einer hübschen jungen Dame bedarf, mich wieder auf die Gottesdienstbank zu bringen. So hat Gott mein einfaches unprofessionelles Gebet innerhalb von zwei Tagen erhört. Er schickte mir meine zukünftige Frau über den Weg. Durch sie half er mir, wieder regelmäßig in den Gottesdienst zu gehen. Damit erhörte er meine beiden Gebetswünsche. Sechs Monate später übergab ich mein Leben dem Herrn Jesus und ließ mich im See Genezareth taufen.

Jesus in den jüdischen Festen

Tausende Jahre feiert das jüdische Volk mit großer Aufmerksamkeit und Genauigkeit neben dem Schabbat auch die drei Wallfahrtsfeste, Passah, Schavuot und Sukkot.

Paulus sagt, dass die Wallfahrtsfeste „ein Schatten der zukünftigen Dinge sind, der Körper aber ist Christi." Warum hat Gott uns Feiertage gegeben? Nur damit wir einen Grund zum Feiern haben und uns einmal so richtig satt essen können? Nein! Er möchte, dass wir seine großen Werke nicht vergessen, um uns auf seine Zukunftspläne vorzubereiten.

Das Passahfest hat sich durch Jesus am Kreuz erfüllt. Die Kinder Israel mussten nicht mit den erstgeborenen Ägyptern durch den Todesengel sterben. Dafür sorgte das Blut eines unbefleckten Lammes, welches an allen Türpfosten gestrichen wurde.

So sind auch wir, die wir an Jesus glauben unserer verdienten Todesstrafe entkommen. Das Blut Jesu, das am Kreuz von Golgatha für unsere Sünden vergossen wurde, hat uns vor dem Todesengel bewahrt. Darin hat sich für uns Passah in Jesus erfüllt.

Interessant ist auch, dass die Israeliten sich eigentlich bekreuzigten, als sie die Türpfosten mit Blut bestrichen. „Das Blut soll euch zum Zeichen sein an den Häusern, in denen ihr seid: Wenn ich das Blut sehe, werde ich an euch vorübergehen und euch verschonen. Diese Todesplage wird euch nicht treffen, wenn ich Ägypten strafe", sagt Gott.

Weil die Kinder Israel ganz schnell aus Ägypten ausziehen sollten und deswegen nicht warten konnten, bis der Teig des Brotes gären konnte, essen sie bis heute während der Passahtage kein gesäuertes Brot.

Am Passahabend, auch Sederabend genannt, wird die komplette Hagada gelesen. Ein Liturgie-Büchlein, welches in verschiedensten Formen den Auszug aus Ägypten erzählt. Der Tisch wird für die Gäste wunderschön gedeckt. Mitten auf dem Tisch steht der große Sederteller mit biblischen Symbolen, die alle auf Jesus deuten.

Drei Matzen liegen aufeinander in der Mitte dieses Tellers. Die oberste Matze deutet auf Gott den Vater, die mittlere, welche auch Afikoman heißt („der da kommen wird"), deutet auf Jesus den Sohn und die dritte auf die „Schechina", den Heiligen Geist, hin. Während der Zeremonie wird die mittlere Matze, also der „Sohn" herausgenommen, in zwei Teile gebrochen und in ein weißes Leinentuch gewickelt und vom Hausvater im Haus versteckt.

So wurde auch der Leib Jesu für uns gebrochen und sein Leichnam auch in weiße Leinentücher gewickelt. So bleibt das Afikoman bis nach der Hauptmahlzeit versteckt. Genauso ist auch Jesus als Messias heute für das jüdische Volk noch „versteckt". Später dürfen die Kinder das versteckte Afikoman suchen. Wer es findet, darf sich vom Hausvater etwas wünschen. Das gewünschte Geschenk bekommt er dann 50 Tage später. 50 Tage oder sieben Wochen nach Passah wird dann das jüdische Schavuotfest, also Pfingsten, gefeiert, als die Jünger von Jesus den Heiligen Geist empfingen. Sie warteten genau 50 Tage (40 Tage seit der Auferstehung und 10 Tage seit der Himmelfahrt von Jesus) auf das Versprechen von Jesus, dass er ihnen den Heiligen Geist schicken wird. Wenn man auf etwas Besonderes wartet, dann zählt man die Tage. Daher gibt es im Judentum die Omarzählung, bei der man jeden Tag einen Tag von 1 bis 50 weiterzählt, von Passah bis Schavuot.

So feiert das Volk Israel schon tausende Jahre eigentlich die Passionsgeschichte von Jesus und die Ausgießung des Heiligen Geistes, ohne dass die Juden es wissen.

Mit dem endlich gefundenen Afikoman, die in Leinentuch gewickelte und zerbrochene Matze, wird der Segen über das Brot ausgesprochen:

„Baruch ata Adonai Elohenu, Melech Haolam, Hamotzieh Lechem min Haaretz – Amen."

Dazu nimmt man den vierten Kelch Wein, der auch Kelch der Erlösung genannt wird, und spricht den Segen auch über dem Wein:

„Baruch ata Adonai Elohenu, Melech Haolam, Boreh Pri Hagefen – Amen."

Damit feiern die Juden eigentlich das Abendmahl, welches in allen messianischen Häusern bewusst auf Jesus hin gedeutet und gefeiert wird.

Ein weiteres messianisches Symbol auf dem Sederteller ist die Lammkeule, die einen unbeschädigten Knochen haben muss. Sie deutet auf das Lammesopfer hin, welches jede Familie der Israeliten in Ägypten schlachten musste und dessen Blut sie an die Türpfosten strichen. So blieben auch die Knochen des für uns am Kreuz gestorbenen Lammes ungebrochen, denn der Jünger Johannes berichtet, dass die römischen Soldaten die Beine aller Gekreuzigten brachen – nur die Beine von Jesus nicht.

Schon Wochen vor dem Passahfest geraten die jüdischen Hausfrauen in Israel in eine Putzhysterie. Die ganze Wohnung wird bis in die kleinste Ecke geputzt. Eigentlich nur um jeden Krümel Sauerteig aus dem Haus zu entfernen, was man dazu nutzt, gleich gründlich die Wohnung zu putzen.

Am Vorabend des Festes durchsucht der Hausvater noch ein letztes Mal symbolisch jede Ecke mit einer Kerze und Feder, denn nach jüdischem Gesetz darf sich während der Passahzeit kein kleinster Krümel Sauerteig in der Wohnung befinden. Rein von aller Art Sauerteig.

Wenn wir jedes Jahr diesen Hausputz machen, sogar bis ins kleinste, dann hilft uns das, Paulus' Brief an die Korinther besser zu verstehen (1. Korinther 5,7-8; ELÜ): „Fegt den alten Sauerteig aus, damit ihr ein neuer Teig seid, wie ihr ja bereits ungesäuert seid. Denn auch unser Passahlamm, Christus, ist geschlachtet. Darum lasst uns das Fest feiern halten, nicht mit altem Sauerteig, auch nicht mit Sauerteig der Bosheit und Schlechtigkeit, sondern mit Ungesäuertem der Lauterkeit und Wahrheit."

Dieser liturgische Sederabend wird mit einem 2000 Jahre alten aramäischen Lied über das Lämmchen beendet, welches auf den Sieg von Jesus über Satan hindeutet:

Ein Hausvater kauft ein Lämmchen. Dann kam eine Katze und verschlang es. Da kam ein Hund und biss die Katze, dann kam ein Stock und schlug den Hund. Da kam das Feuer und verbrannte den Stock. Da kam das Wasser und löschte das Feuer. Da kam ein Ochse und soff das Wasser. Da kam ein Schlächter und schlachtete den Ochsen. Da kam der Todesengel und griff nach dem Schlächter. Dann kam Gott und erschlug den Todesengel. So tötete das Lämmchen durch seinen Tod den Tod.

Damit hat Gott den Kreislauf des Todes durch das Opfer seines Sohnes am Kreuz ein für alle Mal beendet.

Dies ist nur ein kleiner Zipfel eines großen Berges, wie man durch Passah und alle anderen jüdischen Feiertage Jesus entdecken kann.

Rasender Reporter

Schnell eilten wir zum israelischen Parlament, die Knesseth, um noch rechtzeitig beim Anzünden des ersten Chanukkalichts dabei zu sein. Es ist ein Brauch in Israel, dass der Ministerpräsident jedes Jahr das erste Chanukkalicht, das erste von den acht Lichtern, am Leuchter anzündet.

Als Fotograf der größten Tageszeitung Israels, „Yediot Acharonot", war es mein Auftrag, dieses Ereignis zu fotografieren. Um 19.00 Uhr sollte der damalige Ministerpräsident Benyamin Netanjahu den Leuchter anzünden. Fünf Minuten vorher kam ich mit 30 Pressefotografen in den Raum, wo sonst die Regierung mit all ihren Ministern wichtige Entschlüsse fasst. Natürlich wurden wir vorher gründlich kontrolliert.

Dann war es soweit. Unsere damaligen Kameras, noch mit Filmrollen, waren alle eingestellt und schussbereit. Doch in meiner Nikon-Kamera hatte ich einen 24-Bilder-Film eingelegt, anstelle eines 36-er Filmes, wie ich es sonst immer tat. Das sollte sich als großer Fehler erweisen. Während des Wartens auf den Ministerpräsidenten schubsten wir uns noch gegenseitig mit den Ellenbogen, weil jeder den besten Bildwinkel zu bekommen versuchte.

Um in Israel ein guter Pressefotograf zu sein, ist es weniger notwendig, alle Funktionen der Kamera zu kennen, man hat viel mehr Erfolg, wenn man seine Ellenbogen einsetzen kann. Man darf es aber auch nicht übertreiben, sonst schafft man sich verfeindete Kollegen, mit denen man jeden Tag zusammen arbeiten muss.

„Ruhe" – schrie jemand im Raum. Ministerpräsident Netanjahu kam herein und stellte sich direkt hinter den Leuchter, der vor uns stand. Der Mann von großer Gestalt, der das Sagen in Israel hatte und somit die heutigen „Kinder Israel" führte stand vor uns. Sein Bruder Joni war in der berühmten Entebbe Operation ums Leben gekommen. Netanjahu griff zu den Streichhölzern und sprach den traditionellen Segen: „Gelobt seist du, Ewiger, unser Gott, König der Welt, der uns durch seine Gebote geheiligt und uns befohlen hat, das Chanukka-Licht anzuzünden." Mir kamen dabei Gedanken über die Blindheit des Volkes Israel in den Sinn, da sie noch überzeugt sind, dass sie „durch seine Gebote heilig werden". Bald werden sie auch erkennen, dass man nicht durch Werke, sondern allein durch das Blut von Jesus Christus erlöst wird. Dem zweiten Teil des Segens konnte ich zustimmen: „Gelobt seist du, Ewiger, unser Gott, König der Welt, der unseren Vätern Wundern geschehen ließ, in jenen Tagen, zu jener Zeit."

Dann ging es los, der wichtigste Moment für uns Reporter an diesem Abend. Das Geräusch des Streichholzes an der Schachtel gab das Startsignal. Kameras hoch, letzte Fokussierung, dann hörte man nur noch das Klicken der Kameras. Es wurden Hunderte oder sogar Tausende Bilder geschossen, denn es musste alles auf dem Bild stimmen. Die Kerze musste angezündet sein und der Gesichtsausdruck von Netanjahu musste stimmen, wenigstens musste er mit offenen Augen ins Bild schauen. All das musste in den wenigen Sekunden in den Kameras verewigt werden. Dann aber passierte mir das Schlimmste was einem Pressefotografen passieren konnte, mein Film war zu Ende. Damit hatte ich nicht gerechnet, weil ich gewohnt war, mit 36 Bildern zu arbeiten. Doch ich hatte vergessen, dass ich dieses eine Mal nur einen 24er-Film in der Kamera hatte. Schrecklich! Ich konnte zwar Filme in kürzester Zeit austauschen, aber in drei Sekunden noch die Pointe zu knipsen – das war nicht mehr drin.

„Stopp!", rief ich mit lauter Stimme in den Raum. Es herrschte Schweigen und knisternde Stille im Raum. „Herr Ministerpräsident, Sie müssen die Kerze noch mal anzünden", bat ich ihn mit einem entschuldigenden Lächeln. Zu meinem großen Erstaunen nickte er mir mit einem Lächeln zu und pustete die gerade angezündete Kerze wieder aus. Die restlichen Fotografen hatten natürlich auch nichts dagegen, da sie dadurch eine zweite Möglichkeit bekamen, noch ein besseres Foto zu schießen. In der Zwischenzeit wechselte ich rasch den Film in der Kamera und war wieder bereit. So ging die ganze Zeremonie von vorne los und ich konnte mit guten Gewissen und guten Bildern zur Redaktion zurückkehren.

Es hätte meine Kündigung bedeutet, wenn ich ohne Foto vom Lichteranzünden des Ministerpräsidenten zurückgekehrt wäre. Das Foto sollte auf die Titelseite, die Druckmaschinen der Zeitung warteten nur noch auf dieses Bild. Wow, das war gerade noch einmal gutgegangen.

Nach Feierabend ging ich dann ganz gemütlich zu meinen Eltern zum Chanukka-Lichter-Anzünden. Da kommt die ganze Schneidersippe jedes Jahr zusammen und zündet den Chanukkaleuchter an. Dann gibt es die traditionellen Sufganiot, eine Art Berliner Pfannkuchen und die kleinen Enkelkinder bekommen von Opi Ludwig Geldmünzen als Chanukkageld.

Als ich meinem Vater von meinem Fototermin in der Knesseth erzählte, erinnerte er mich an einen ähnlichen Fall mehr als hundert Jahren zuvor. 1898 hatte der deutsche Kaiser Wilhelm II. Israel besucht und war in der jüdischen Siedlung Mikweh mit Theodor Herzl zusammengekommen.

Herzl schrieb am 29. Oktober 1898 in sein Tagebuch:

„Ich gab dem Schülerchor von Mikweh mit der Hand das Zeichen zum Absingen des ‚Heil Dir im Siegerkranz'. Ich stellte mich an einen der Pflüge und zog den Korkhelm. Der Kaiser erkannte mich schon von fern. Mit einem kleinen Ruck lenkte er sein Pferd zu mir herüber – und hielt vor mir an. Ich trat zwei Schritte vor; und als er sich auf den Hals des Pferdes niederbeugte und mir die Hand herunterstreckte, trat ich ganz dicht an sein Pferd heran, streckte meine Hand hinauf und stand entblößten Hauptes vor ihm.

Er lachte und blitzte mich mit seinen Herrenaugen an: ‚Wie geht's?'

‚Danke, Majestät! Ich sehe mir das Land an. Wie ist die Reise Majestät bisher bekommen?'

Er blinzelte mächtig mit den Augen: ‚Sehr heiß! Aber das Land hat eine Zukunft'.

‚Vorläufig ist es noch krank', sagte ich.

‚Wasser braucht es, viel Wasser!', sprach er herab.

‚Ja, Majestät! Kanalisierungen in großem Maßstab!'

Er wiederholte: ‚Es ist ein Land der Zukunft!'

Wolffsohn, der Brave, hatte zwei Momentaufnahmen der Szene gemacht. Wenigstens glaubte er es. Er klopfte stolz auf seinen Kodak. ‚Die Platte geb ich nicht um zehntausend Mark her.'

Aber als wir nach Jaffa zum Fotografen kamen und die Platten entwickeln ließen, zeigte sich, dass auf der ersten Aufnahme nur ein Schatten des Kaisers und mein linker Fuß zu sehen war; die zweite Platte war ganz verdorben. So ein Pech. Da gab es nur noch eine Möglichkeit, eine Photomontage."

Das sind nun mal die Nöte der Pressefotografen. Manche Bilder sind zu retten, wenn man den Ministerpräsident bittet, die Szene zu wiederholen. Die anderen lassen eine Photomontage erstellen. Doch heute mit den modernen Computerprogrammen kann jedes Kind schon Fotos retuschieren.

Hat Gott die Juden lieber als die Heiden?

Warum hat Gott ausgerechnet das jüdische Volk auserwählt? Weil sie etwa besser sind? Weil sie schlauer sind? Oder hat Gott sie lieber als die Nichtjuden?

Das jüdische Volk war Gott gegenüber oft untreu und lief den Göttern anderer Völker nach. Gott selbst nennt es ein halsstarriges Volk. Er hätte sich das Leben mit jedem anderen Volk viel leichter machen können. Trotzdem hat Gott sich dieses Volk auserwählt und kein anderes. Warum?

Für Israelfreunde ist es wichtig, sich im Klaren darüber zu sein, weshalb und wozu Gott Israel auserwählt hat. Um all denen, die ständig mit dem Kopf schütteln, wenn sie erfahren, dass man schon wieder nach Israel reist, eine klare und keine gestotterte Antwort geben zu können, ist es wichtig, Fakten zu kennen, um andere aufzuklären und sie vielleicht auch als Israelfreunde zu gewinnen. Es ist nicht ratsam, seine Israelliebe immer durch Israels gutes oder besseres Verhalten zu beweisen, denn das ist leider nicht der Fall.

Auch wenn Israel sich nicht besser verhält als andere Nationen, hat Gott es dennoch auserwählt. Hat Gott uns Christen nicht auch schon vor der Weltgründung auserwählt und geliebt? Und das schon lange bevor wir unser Leben Jesus gaben? Sagt Jesus nicht in Johannes 15,16: „Nicht ihr habt mich erwählt, ich habe euch erwählt!"? So erwartet Gott auch von uns diese bedingungslose Liebe zu seinem Volk. Er hat seinen Sohn für uns geopfert als wir uns noch nicht „göttlich" verhalten haben.

Gott denkt anders als der Mensch. Wenn ich für meine Frau in einem Kleidergeschäft ein Kleid auswählen muss, dann wähle ich immer das schönste und beste aus. Wenn aber Gott etwas oder jemanden auswählt, dann tut er das, um alle anderen dadurch zu segnen.

Wenn wir Gottes Plan mit Israel in der Bibel im richtigen Kontext lesen, verstehen wir den ewigen Heilsplan Gottes für die ganze Welt durch Israel. Gott gebrauchte und gebraucht heute noch Israel als Werkzeug, um alle anderen Völker zu erreichen. Israel wurde von Gott als Werkzeug auserwählt, das Ziel Gottes aber war und ist die ganze Welt. Das ist das, was sie zum auserwählten Volk Gottes macht. Wie aus einem Werkzeugkasten, gefüllt mit allerlei verschiedenen Zangen und Hämmern, hat Gott sich den Schraubenzieher Israel auserwählt.

Das Prinzip der Geschichte Israels ist eigentlich die Geschichte der Liebe Gottes für die Welt, denn bei Gott gibt es keine Favoriten oder Lieblingskinder. Es gibt kein Ansehen der Person bei Gott, schreibt Paulus den Gemeinden in Rom. Kein Unterschied zwischen Heiden und Juden.

Johannes klärt uns in seinem Evangelium über Gottes Absicht für die ganze Welt auf, dass Gott die Menschen dieser Welt (!) so sehr liebt, dass er seinen eingeborenen Sohn, Jesus Christus, für uns alle opferte. Dort steht nicht, dass Gott allein Israel so sehr liebte, sondern (Johannes 3,16): „Denn Gott hat die Welt so sehr geliebt, dass er seinen einzigen Sohn hingab, damit jeder, der an ihn glaubt, nicht verloren geht, sondern das ewige Leben hat." Gott hat also die Heidenvölker nicht weniger lieb als Israel bzw. die Juden.

Gottes Auswahl wurde oft falsch interpretiert, menschlich interpretiert. Man vergaß, dass Gott anders auswählt – nicht nach Schönheit und Größe. Man meinte, dass Gott die Juden auserwählte, weil er sie lieber hat als die Heiden. Darin liegt ein großer Teil des Ursprungs des Antisemitismus.

Dieses historische Missverständnis brachte dem jüdischen Volk viel Leid und Verfolgungen. Der Auserwählungsgedanke führte zu Neid. Wenn ich spüre, dass mein leiblicher Vater meinen Bruder lieber hat als mich, macht mich das neidisch. Und der Neid führt zu Hass. Hass kann zu Mord und Totschlag führen. Auch bei Kain und Abel hat alles mit Neid angefangen. Nur weil Gott Abels Opfer annahm und nicht Kains, wurde Kain neidisch. Daraufhin hasste er ihn, bis er ihn letztendlich totschlug.

Dasselbe geschah mit dem Neid der Brüder Josefs, die ihn dafür hassten und totschlagen wollten.

So empfanden auch die Heidenvölker Neid gegenüber Israel, weil sie meinten, dass Gott die Juden auserwählte, weil er sie lieber hat als sie. Dieses Neidgefühl führte zu Hass, genauer gesagt zum Antisemitismus. Dieser Antisemitismus führte dazu, dass sie die Juden verfolgten und vergasten. Inquisition und Holocaust hatten ihre Wurzeln im Neid gegenüber dem jüdischen Volk.

Dabei hat Gott Israel nicht lieber, sondern Israel nur als ein Werkzeug gebraucht, um die ganze Menschheit zu erretten.

Gott hat die Juden kein bisschen mehr und auch kein bisschen weniger lieb, sondern er hat alle Juden, Heiden und auch Araber gleich lieb. Sie sind alle nach seinem Bilde geschaffen.

Deswegen verstehe ich nicht, wenn unter den Christen besonders in Europa, die messianischen Juden immer so hochgejubelt werden. Es scheint als freut man sich viel mehr über einen Juden, der sich zu Jesus bekehrt, als über einen Heiden der sich zu Jesus bekehrt. Biblisch gesehen sollte es umgekehrt sein. Denn erst nachdem die Vollzahl der Heiden in die Gemeinde Gottes eingegangen ist, ist die Zeit reif für die Erlösung aller Juden. „Denn ich will nicht, Brüder, dass euch dieses Geheimnis unbekannt sei, damit ihr nicht euch selbst für klug haltet: Verstockung ist Israel zum Teil widerfahren, bis die Vollzahl der Nationen hineingekommen sein wird" (Römer 11,25, ELÜ), dann aber wird Israel in seiner Gesamtheit errettet werden

In anderen Worten: Wer auf die Erlösung Israels wartet, kann sie schneller vorantreiben, wenn er unter den Heiden evangelisiert, damit ihre Vollzahl gerettet wird.

Gott hat zwar die Juden nicht lieber als andere, aber er hat ein ganz besonderes Verhältnis zu ihnen, welches er mit keinem anderen Volk hat. Dieses Verhältnis Gottes zu dem jüdischen Volk, ist mit dem Verhältnis eines Ehemanns zu seiner schwangeren Frau zu vergleichen. In Israel ist es üblich, dass Ehemänner ihre schwangeren Frauen verwöhnen. Sie nehmen ihnen alle schweren Arbeiten während der neun Monate ab. Wenn wir als Männer abends müde von der Arbeit heimkommen, beginnt für uns die Arbeit im Haushalt. Es darf den schwangeren Frauen nichts zustoßen. Wir schonen sie, weil sie etwas Kostbares in sich tragen: das freudige Ereignis, dem nichts passieren darf.

So wacht auch Gott über sein Volk, weil Israel etwas Kostbares in sich trägt. Deswegen warnt Gott diejenigen, die Israel antasten, weil sie damit seinen Augapfel antasten. Doch in in Sacharja 2,12 heißt es, dass derjenige, der Israel antastet, seinen kostbaren Besitz (seinen eigenen Augapfel) antastet und sich selbst blind macht für die Wirklichkeit und die Geheimnisse des Heilsplanes Gottes.

Ferner heißt es (1. Mose 27,29): „Wer dich verflucht, soll verflucht sein. Wer dich aber segnet, der soll gesegnet sein." Jesaja rief die heutigen Bibelleser auf, Gottes Volk zu trösten (Jesaja 40,1). Daher ist es ganz wichtig und vielleicht auch heilsnotwendig in Gottes Augen, wie man sich als Person, Gemeinde oder Nation gegenüber Israel verhält.

So wachte Gott und wacht auch heute noch über Israel, wie über eine schwangere Frau, die etwas Wertvolles in sich trägt.

Denn durch Israel bekamen wir das Wort Gottes, die Bibel, wodurch wir Gott kennenlernen und ihm näher kommen können. Darum musste Gott die Vernichtungsversuche der Völker wie der Amalekiter, Assyrer, Philister, Römer usw. bis hin zu Hitler verhindern und das Volk Israel vor ihnen verschonen. Nur so konnte er die Welt mit der Bibel segnen.

Gott wachte über sein Volk, damit vor 2000 Jahren der Erlöser der Welt, Jesus Christus, aus dem jüdischen Volk geboren werden konnte. Hätten die Römer Israel damals vernichtet und Herodes es geschafft, Jesus als Baby zu töten, hätte die Welt heute kein Sühneopfer zur Vergebung ihrer Sünden, die zur Erlösung notwendig ist.

Bereits im ersten Buch der Bibel steht, dass einmal durch den Samen Israels, alle Völker der Erde gesegnet werden.

So wachte Gott über Israel all die Jahre, damit er durch sie die ganze Welt segnen kann. So wurde Israels Fall, laut Paulus (Römer 11) zum Reichtum der Welt und ihr Verlust zum Reichtum der Nationen. Die Verse gehen noch weiter, wie auch das Wachen Gottes über sein Volk weiter geht. So verschärft Paulus alles noch tiefer und erklärt Römer 11,15): „Denn wenn die Verwerfung der Juden bedeutete, dass Gott der übrigen Welt die Versöhnung anbot, wie herrlich wird es dann erst sein, wenn Gott sein Volk wieder annimmt. Dann werden die Menschen, die tot waren, wieder lebendig." In anderen Worten: Die Heidenvölker haben den Juden zu verdanken, dass sie vor 2000 Jahren Jesus abgelehnt haben. Nur so konnte Jesus bzw. das Evangelium in der ganzen Welt verbreitet werden. Hätten die Juden damals Jesus als ihren Messias angenommen, dann wäre Jesus in den Augen der Welt nur ein Hoher Rabbiner. Nur weil sie ihn verstoßen haben, wurde Jesus überhaupt interessant für die Welt.

So hat Gott es von Anfang an geplant, Israel als sein Werkzeug zu gebrauchen, um die Menschen auf der Welt mit ihm zu versöhnen. Er schlug sein eigenes Volk mit Blindheit und legte eine Decke auf ihre Augen. So erkannten sie ihren eigenen Erlöser nicht, berichtet uns die Bibel. Deswegen darf man es ihnen auch nicht übel nehmen, wenn sie Jesus heute nicht annehmen. Gott hat sie ja um der Heiden willen mit Blindheit geschlagen.

Er hat aber auch verheißen, dass er ihnen die Decke wieder wegnehmen wird, wenn die Zeit dafür reif ist. Genau wie er Adam unter Narkose legte, als er aus Adams Seite Eva schuf und ihn nicht eher aufweckte, bis Eva fertig geschaffen war. Keine Minute vorher. So legte er auch Israel unter die Betäubung, bis die Vollzahl der Heiden erreicht ist. Dann wird Gott selbst ihnen die Decke wieder wegnehmen, sagt sein Wort, und sie werden „auf mich sehen, den sie durchstochen haben", sagt der Prophet Sacharja (12,10; Schlachter).

Wie einst die Brüder von Josef ihn nicht wieder erkannten, obwohl sie so oft bei ihm waren und sogar zusammen mit ihm am Tisch gegessen und getrunken haben. Die Zeit war einfach noch nicht reif dafür. Als er sich dann aber zu erkennen gab, war es ihnen allen eindeutig klar, dass Josef ihr Bruder ist. Sie waren zwar erschrocken, aber sie stritten sich nicht, ob er es nun ist oder nicht. Es war ihnen klar, dass ihr Bruder Josef vor ihnen stand. So wird auch Israel eines Tages vor Jesus stehen, seine durchbohrten Hände erkennen und als Ganzes erlöst werden.

Die heute schon existierenden Messianischen Juden sind nur die Erstlingsfrüchte der zukünftigen Gesamternte.

Es musste also so geschehen, dass Israel seinen Messias verwirft, damit sich die Tür des Evangeliums in der Welt öffnet. Wenn die Israelis Jesus annehmen werden, wird das wiederum ein Segen werden, nicht nur für sie, sondern für die ganze Welt. Gott wählt den „König der Juden" aus, um alle anderen Menschen dadurch zu segnen.

Jemand muss mal die Wahrheit sagen

Israel räumte den Gazastreifen und vertrieb damit die jüdischen Siedler aus ihren Häusern und von den Feldern, die früher Wüste waren und erst von den Siedlern zu einem fruchtbaren Garten gemacht worden sind. Israel entkam wegen dieser Rückzugsaktion gerade noch einem Bürgerkrieg. Seit dem Abzug aus dem Gazastreifen 2005 ist der ganze Streifen jetzt „judenrein". Von diesem „judenrein" geräumten Gazastreifen schossen die Palästinenser „als Dank" tausende Kassam-Raketen auf jüdische Städte in Israel. Obwohl ihnen mit Israels Abzug aus dem Gazastreifen jede Begründung für Terror gegen Israel genommen wurde. Die israelischen Siedlungen und Israels Besatzungspolitik waren schließlich bisher ihr Grund für den brutalen Terror gegenüber unschuldigen israelischen Frauen und Kinder.

Die Raketen wurden ständig, ohne Widerstand der Bewohner, aus dem kleinen Dorf Beit-Hanoun im Gazastreifen abgeschossen. Israelische Militäreinheiten müssen deshalb ab und zu in den Gazastreifen hinein, um die Abschussrampen zu zerstören. Eine dieser israelischen Verteidigungsaktionen gegen die palästinensischen Raketenkommandos verfehlte ihr Ziel. Ein Kampfhubschrauber zielte auf eine Kassam-Abschussrampe. Der Israeli drückte auf den roten Knopf und die Rakete schoss los. Ein technischer Fehler leitete diese Rakete jedoch 500 Meter von seinem anvisierten Ziel entfernt und traf ein Haus mit einer Familie und ihren Nachbarn. 19 Menschen kamen dabei um. Die israelische Regierung entschuldigte sich dafür und holte sofort die verletzten Palästinenser in die modernen jüdischen Krankenhäuser.

Wegen dieser Tragödie trauerten auch die Israelis. Kein israelischer Soldat freut sich über solch einen Fehlschuss, der unschuldige Palästinenser tötet – das habe ich als dienender Reservesoldat immer wieder beobachtet. Aber das half dem kleinen Staat Israel nichts gegenüber dem massiven Medienangriff. Viele Wochen lang wurde Israel in der Presse weltweit verurteilt. Am selben Tag kamen im Irak 126 Irakis in Kämpfen gegen die Amerikaner ums Leben. Davon brachten die gleichen Zeitungen und TV-Nachrichten nur eine kurze Nachrichtenmeldung.

Jemand muss mal die Wahrheit sagen – auch den Bewohnern des arabischen Dorfes Beit-Hanoun, die es zulassen, dass von ihrem Dorf aus ständig Raketen auf Israel abgeschossen werden. Die Wahrheit muss allen Bewohnern des Gazastreifens ebenso den Arabern in Judäa und Samaria und der ganzen Welt bekannt gemacht werden. Die Wahrheit ist einfach und klar.

Wer Tausende von Raketen auf unschuldige Zivilisten schießt und wer tonnenweise Sprengstoff, Waffen und Katjuschas sammelt, um damit Angst und Terror über ein ganzes Volk zu verbreiten, muss verstehen, dass man sich irgendwann nicht mehr hinter Frauen und Kindern verstecken kann. Dieses Verhalten hat einen Preis.

Jede Regierung ist für die Sicherheit ihrer Bürger verantwortlich. Israels Verhalten in Gaza ist viel gemäßigter und menschlicher als die Reaktionen der amerikanischen oder russischen Armeen, wie sie mit Terroristen aus Texas oder Moskau umgehen. Nein, nein, das sind keine Theorien. Das sind historische Tatsachen, deren Spuren unter den Trümmern Bosniens, ganzen Dörfern Afghanistans und Iraks liegen – und ebenso unter den Trümmern Dresdens aus dem zweiten Weltkrieg.

Doch nur Israel wird verurteilt. Und das nur, weil die Israelis Juden sind. Wir Israelis haben uns schon daran gewöhnt, dass die weltweiten Medien einseitig gegen Israel berichten. Das Leben in Israel ist ohnehin schwer, aber was es noch schwerer macht, ist, sich ständig verteidigen und Rechenschaft ablegen müssen.

Daher sollte man neben dem tiefen Mitleid, das jeder Mensch spüren sollte, wenn er die Bilder mit den verletzten Kindern aus Beit-Hanoun sieht, auch die Wahrheit sagen.

Solange die Araber nicht aufhören, Kassam-Raketen auf Israel zu schießen, muss Israel zurückschießen. Ja, auf die Angreifer zurückschießen! Die Araber schießen nämlich gezielt und ganz bewusst auf Israels Frauen und Kinder, um sie zu töten. Israel dagegen nicht. Das war niemals Israels Absicht, ganz im Gegenteil.

Gerade deshalb wird es Zeit, dass wir heute der Welt in die Augen schauen und deutlich sagen: Bis es in Sderot, der jüdische Stadt, die am meisten von Palästinensern mit Kassam-Raketen beschossen wird, nicht ruhig ist, wird es auch keinen Frieden in Gaza geben. Wenn man Bäume fällt, fliegen Splitter! Wenn man Raketen schießt, fliegen Artillerie-Geschosse zurück. Wenn eine von ihnen daneben trifft, ist das ein Unglück. Es ist schlimm, aber das ist leider so im Krieg.

Wir haben alle anderen Alternativen ausprobiert, die alle gescheitert sind. Die Bibel sagt (Jesaja 59,8): „Sie wissen nicht, wie man Frieden schafft. Auf ihrem Weg gibt es kein Recht. Sie gehen krumme Wege; wer darauf geht, lernt den Frieden nicht kennen." Mit tödlichem Terror und blutdürstigen Terroristen, die dich von der Landkarte vertilgen wollen, darf man nicht zimperlich umgehen.

Am selben Tag, als die schrecklichen Bilder in die ganze Welt gestrahlt wurden, schossen Palästinenser auf einen jüdischen Kindergarten Kassam-Raketen, die – Gott sei Dank – ihr Ziel knapp verfehlten. Dies wurde von den Medien total ignoriert.

Als Israel den Gazastreifen verlassen hatte, Tausende Israelis aus ihrer Heimat herausgerissen und zu Flüchtlingen wurden, Israel dafür Milliarden investierte und kurz vor einem Bürgerkrieg stand – nur um für die Palästinenser den Gazastreifen zu räumen –, haben wir von ihnen Frieden erwartet. Ja, wir waren so naiv und hofften, dass sie uns jetzt ein wenig in Ruhe lassen – wenigstens in Gaza. Anstelle von Ruhe, bekamen wir von ihnen nur verstärkten Beschuss von Kassam-Raketen, tonnenweise wurde Sprengstoff über Ägypten zu unseren Feinden in den Gazastreifen geschmuggelt und die extrem israelfeindliche Hamas-Terrororganisation kam an die Regierung.

Hamasanführer Rasi Hamed sagte im Radio, dass man Israel von der Landkarte löschen muss. Ihm rufe ich zu: „Guten Morgen! Das steht schon lange in eurer PLO-Verfassung, noch vor dem Vorfall in Bet-Hanoun."

Ein CNN-Reporter sagte, dass wegen Querschlägern in Bet-Hanoun der Hass gegenüber Israel nur noch verstärkt wird. Wow... und was war vor Bet-Hanoun?

Seit wir Israelis den Palästinensern nicht nur den Gazastreifen überlassen haben, sondern dort auch aus ihrem Leben verschwunden sind, ist der Gazastreifen „judenrein". Nun sind sie frei von den israelischen „Unterdrückern" und könnten ihr Paradies daraus machen und mit den europäischen Geldern die Flüchtlingslager renovieren. Nur ein Zehntel der Terrorgelder hätte ausgereicht, um dort neue Wohnviertel aufzubauen.

Sie hatten die Möglichkeit, der Welt zu beweisen, dass nachdem Israel abgezogen ist, für Ruhe und Frieden gesorgt wird. Damit hätten sie Israel einen guten Grund gegeben, auch aus Judäa und Samaria abzuziehen.

Stattdessen stürzen sie sich mit Raketen und Terror noch heftiger auf das jüdische Volk und wollen Israel nun endgültig ausrotten. Sie entführen israelische Soldaten und verstecken sich weiter hinter Frauen und Kindern. Dieser Kreislauf muss unterbrochen werden.

Im Libanon weiß man nach dem zweiten Libanonkrieg: Wer es zulässt, dass aus seinem Haus Raketen auf Israel abgeschossen werden, darf sich nicht wundern, dass auch sein Haus beschossen wird. So muss jede palästinensische Mutter in Gaza wissen, dass sie nicht ruhig schlafen wird, solange auch die Kinder in der israelischen Stadt Sderot nicht ruhig schlafen können.

Der unendliche Konflikt

Ich werde oft gefragt und frage mich auch selbst, wann es endlich Frieden zwischen Israel und den Arabern geben wird. Dieser Streit um das kleine Land Israel, das mit nur 25000 km² nicht größer als Hessen ist, hat den Israelis und Arabern sehr viel Leid gebracht.

Einmal schickte Gott seinen Knecht Abraham auf einen hohen Berg mitten in Judäa und Samarien, nicht weit von Shilo, wo später fast 400 Jahre lang die Stiftshütte stand. Von diesem Berg aus, der bis heute noch Berg Abrahams heißt, kann man an einem klaren Tag fast das ganze Land überblicken. Gott sprach zu Abraham (1. Mose 15,18): „Ich werde dieses Land deinen Nachkommen geben, das ganze Gebiet von den Grenzen Ägyptens bis zum großen Fluss Euphrat – das Land der Keniter, Kenasiter, Kadamoniter, Hetiter, Perisiter, Refaiter, Amoriter, Kanaaniter, Girgaschiter und Jebusiter." Dieser Berg befindet sich direkt in der Mitte Israels und mitten in Judäa und Samarien. Es handelt sich hier um das ganze Land, inklusive das Gebiet, das die Medien gerne „Westbank" oder „besetzte Gebiete" nennen. Wenn dann die Araber behaupten, das Land gehöre ihnen, weil es – laut Koran – Ismael verheißen wurde, ist das ihre Behauptung. Doch wenn Christen für einen Palästinenserstaat in diesem Gebiet plädieren, habe ich kein Verständnis. Christen müssten ihre Bibel besser kennen.

In einigen Kapiteln weiter spricht Gott noch konkreter, diesmal direkt zu Jakob, wahrscheinlich um die Zweifler aufzuklären, die sich fragen, wer mit dem Samen Abrahams gemeint ist. Wieder spricht Gott (1. Mose28,13): „Ich bin der Herr, der Gott deines Großvaters Abraham und der Gott deines Vaters Isaak. Das Land, auf dem du (Jakob) liegst, werde ich deinen Nachkommen geben." Die Verheißung gilt also für Abraham, Isaak, Jakob und seinen Samen, aus dem die zwölf Stämme Israels sind.

Schon oft haben die arabischen Nationen einen Bund gegen Israel geschlossen mit dem Ziel, Israel durch einen gemeinsamen Angriff zu vernichten. Nur wenige Stunden nach Israels Staatsgründung konnten die Israelis sich über ihren neugeborenen Staat freuen, schon mussten sie sich das Gewehr umhängen und an die Front. Das war der Unabhängigkeitskrieg 1948, dann der Sechstagekrieg 1967 und der Jom-Kippur-Krieg 1973. Jedes Mal versuchten die Araber, Israel zu vernichten. Es ging ihnen nicht um Territorium, sondern um die Vertilgung Israels. So wie der Sänger Asaf es schon voraussah und über die Feinde Israels schrieb (Psalm 83,5): „Sie sprechen: Kommt und lasst uns sie als Nation vertilgen, dass nicht mehr gedacht werde des Namens Israel!"

Als sie irgendwann dann doch feststellten, dass es nicht so einfach ist, dieses Volk „ins Meer zu treiben", wie sie sich das erhofft hatten, mussten sie sich eine neue Strategie ausdenken. So wurde die Idee eines palästinensischen Staates geboren. Damit sie beim nächsten Vernichtungsversuch, Israel nicht nur von außen angreifen, sondern auch von innen her die Forderung nach einem eigenen palästinensischen Staat stellen konnten.

Ein selbstständiger Staat hat seine eigene Armee und kann Waffen importieren.

Wenn ein selbständiger Staat wirklich der Wunsch der Palästinenser wäre, dann sollte man sie fragen, warum sie ihn nicht schon damals zur gleichen Zeit wie die Israelis gründeten. Als die UNO 1947 das ganze Land mit dem Teilungsplan 181 aufteilte, bekamen schließlich beide Seiten Land. Anstelle sich zu freuen und einen palästinensischen Staat in ihrem Teil zu gründen, versuchten sie, Israel durch den Unabhängigkeitskrieg zu vernichten. 23 Jahre lang, bis zum Sechstagekrieg, genossen sie die absolute Freiheit, ihren eigenen Staat zu gründen. Keiner hätte sie daran gehindert. Nicht nur, dass sie es nicht taten, es war auch nie im Gespräch. Weil diese Idee erst später geboren wurde, nachdem sie feststellten, dass Israel nicht so leicht zu vernichten ist, beanspruchten sie dieses Gebiet aus strategischen Gründen für ihre zukünftigen Kriege.

Als die ersten jüdischen Pioniere den Nazi-Verfolgungen entflohen und nach Eretz Israel einreisten, bestand das Land nur aus Sumpf, Einöde und Wüste. Keiner der Araber wollte es zu dieser Zeit haben. Jetzt, wo es fruchtbar und mit einer guten Infrastruktur ausgestattet ist, wollen sie es alle haben. Dabei haben die arabisch-moslemischen Länder ringsum Israel 613-mal mehr Fläche Land als Israel. Man muss sich wundern, warum die Araber uns Israelis dieses kleine Land nicht gönnen. Nachdem wir während den letzten 2000 Jahren in der ganzen Welt verstreut waren, dort verfolgt und zum Teil vernichtet wurden, kehrten wir nun endlich zurück in das Land unserer Väter, in unsere Heimat. Alles, was wir Israelis uns wünschen, ist, in Ruhe und

Frieden in diesem kleinen Land zu leben, welches Gott uns gegeben hat. Kein Israeli träumt von einem Groß-israel.

Der israelisch-arabische Konflikt ist in Wahrheit ein religiöser Konflikt. Es geht den Arabern nicht um noch ein paar Quadratkilometer mehr Land, denn sie besitzen ohnehin viel mehr Land als Israel. Es geht ihnen auch nicht um Öl, denn Israel hat kein Erdöl. Um Wasser auch nicht, weil ganz Israel fast nur aus einem einzigen kleinen See trinkt, dem See Genezareth, der sich auch nur dank vieler Gebete jedes Jahr füllt. Nein! Der Grund für die Versuche, Israel zu vernichten, liegt im Islam allein.

Es ist nämlich eine Schande für jeden Moslem und für den Islam überhaupt als Religion, dass mitten im moslemischen Nahen Osten ein Volk existiert, so klein es auch ist, das nicht an Allah glaubt. Ja, an einen anderen Gott als der Gott der Moslems, den sie Allah nennen. Er ist nicht der gleiche Gott wie der Gott der Bibel. Die Araber wissen genau, im Gegensatz zu vielen Europäern, dass ihr Allah nicht der Gleiche ist wie unser Gott. Nein, der moslemische Gott Allah ist nicht mit dem Gott der Bibel gleichzustellen. Dazu gibt es viele Beweise im Koran: Das neutestamtliche Konzept, dass Gott einen Sohn hat oder haben kann, existiert im Islam nicht. Im Koran steht ganz klar, dass Allah nie einen Sohn hatte oder auch haben wird. Unser Gott aber hat einen Sohn, Jesus Christus.

Einen weiteren Beweis sieht man darin, dass im ganzen Koran nicht ein einziges Mal das Wort Liebe erscheint. Unser Gott aber ist ein Gott der Liebe.

Ja, Israel braucht Trost

Der Prophet Jesaja, dem Gott auch die meisten Prophetien über Jesus anvertraute, ruft uns auf (40,1): „‚Tröstet, ja, tröstet mein Volk', spricht euer Gott."

Dieser Aufruf gilt nicht für die Juden, denn sie können sich nicht selbst trösten. Er gilt für die, die die Bibel lesen. Das sind die bibeltreuen Christen. So ruft Gott mit diesem Gebot alle gläubigen Christen auf, sein Volk zu trösten. Dieser Aufruf ist an keine Bedingungen gebunden. Gott sagt nicht, tröstet, tröstet mein Volk erst, wenn es den Forderungen der UNO folgt. Gott sagt auch nicht, tröstet mein Volk erst, wenn sie alle an Jesus glauben oder messianische Juden geworden sind; denn dann brauchen sie keinen Trost mehr. Sondern: tröstet das Volk Israel jetzt und so wie sie sind, denn jetzt brauchen sie Trost.

Um jemanden zu trösten, muss man ihn lieb haben. Man kann nicht jemanden trösten, den man hasst. Als Israeli kann ich sagen, dass es nicht immer einfach ist, die Israelis zu lieben. Die Israelis sind nicht besser als alle anderen Menschen auf der Welt. Ich vermute sogar, dass wir Israelis sogar die meisten „Macken" haben. Vielleicht hat sich Gott gerade deswegen dieses Volk auserwählt. Damit er durch sie der Welt beweisen kann, dass er auch fähig ist, dieses schwierigste Volk „zurechtzubiegen".

Keiner der Israelis behauptet oder vermutet besser zu sein als die Heiden, nur weil er zum auserwählten Volk Gottes gehört. Es wäre empfehlenswert, einen säkularen Israeli auf der Straße in Israel zu fragen, wie er sich fühlt, dem Volk anzugehören, das Gott sich auserwählt hat. Wie fühlt er sich, ein „Auserwählter" Gottes zu sein?

Die Antwort darauf, wird viele überraschen. Die meisten Israelis, besonders vom säkularen Sektor, würden sagen, dass sie gerne die israelische Nationalität mit jeder anderen tauschen würden. Denn was hat ihnen das „Auserwähltsein" bisher gebracht? Die Juden wurden in den 2000 Jahren ständig überall in der Welt verfolgt und man versuchte, sie immer wieder zu vernichten – und alles nur, weil sie das auserwählte Volk Gottes sind. Sie haben nie daraus profitiert. So wünschen sich die meisten Israelis, so zu sein, wie alle Völker. Schon zu biblischer Zeit wollten sie so „wie die restlichen Nationen zu sein". Sie wollten kein abgesondertes Volk mehr sein. Obwohl es als ein Segen Gottes für das Volk gedacht war, geheiligt, d. h. abgesondert zu sein (4. Mose 23,9). Als Bileam Israel fluchen sollte, es aber nur segnen konnte, segnete er bzw. Gott die Israeliten mit einem abgesonderten Status gegenüber allen anderen Nationen der Welt.

So sollten eigentlich auch die gläubigen Christen abgesondert von der Welt sein.

Die heutigen Israelis meinen, dass sie nicht mehr verfolgt würden, wenn sie wie die übrigen Nationen wären. Daraus resultiert der Wunsch, nicht mehr Gottes auserwähltes Volk zu sein.

Trotz alldem ruft Gott die Christen auf, sein immer noch auserwähltes Volk, zu trösten, auch wenn sie noch nicht nach biblischen Maßstäben handeln und noch viele Missetaten vor Gott tun. Übrigens: Gott hat auch den gläubigen Christen schon geliebt, bevor er sich zu Jesus bekehrte, als er noch ein sündiges Leben führte! Die Bibel berichtet, dass Gott uns schon vor unserer Geburt und als wir noch Sünder waren, auserwählt hat. Mit dieser Erkenntnis sollte es einem Christen leicht fallen, auch die Juden bzw. die Israelis bedingungslos zu lieben. Einfach weil Gott uns auch so liebt, wie wir sind.

Die Nacht im Flüchtlingslager von Jenin

Es war Frühling, die Blumen blühten auf. Die Felder schmückten sich mit bunten Farben. Vögel zwitscherten überall, nur nicht in Jenin. Dort lag ich in einem verstaubten Militärzelt. Mein Gürtel mit der ganzen Ausrüstung für den Kampf lag unter dem Klappbett. Das Maschinengewehr nahm ich mit mir ins Bett. Wir durften uns ein wenig ausruhen, weil wir eine anstrengende Nacht im Flüchtlingslager von Jenin hinter uns hatten.

Wir waren ständig auf der Suche nach Terroristen, die dafür sorgten, dass fast jeden Tag ein Terroranschlag in Israel verübt wurde und das schon knapp zwei Jahre lang.

Es war die Zeit, als Israel bzw. israelische Soldaten von den Palästinensern und den weltlichen Medien für ein Massaker beschuldigt wurden. Nach ihren Angaben hätte Israel 523 Palästinenser abgeschlachtet, behauptete Jasser Arafats Unterhändler, Saeb Erekat, in einem Interview mit dem amerikanischen TV-Sender CNN.

Wir waren 20 Soldaten in einem Zelt. Einige öffneten ihren Schlafsack, um sich hinein zulegen, während die anderen ihr Gewehr vor dem Schlaf reinigten. Inzwischen klagten wir ein wenig über das lange Fernbleiben von unseren Familien durch diesen Reservedienst. Wir klagten auch über die emotional schwierige Situation, palästinensische Väter vor den Augen ihrer Kinder zu verhaften. Das fiel uns Reservisten immer sehr schwer. Nicht nur einmal kamen uns dabei die Tränen, weil wir ja auch alle schon Väter waren. Wenn die Kinder sich dann an den Beinen des Vaters festklammerten und nicht loslassen wollten, wurde es uns schwer ums Herz. Für diese Kinder waren wir israelische Soldaten von diesem Moment an die bösesten Männer auf der Welt. Auch wenn wir den Vater am folgenden Tag wieder zurückbrachten, nachdem sich herausgestellt hatte, dass er unschuldig und nicht der gesuchte Terrorist war, der vorher 30 Israelis getötet hat.

Wir klagten auch wegen der weltweiten Beschuldigung für ein schreckliches Massaker, das wir nicht getan, was noch nicht einmal stattgefunden hatte.

Ich merkte auf einmal, wie wir uns seit dem Auszug aus Ägypten bis heute nicht verändert hatten, denn wir „murrten" genauso wie die Israeliten während ihrer Wüstenwanderung.

Obwohl wir alle müde waren und versuchten auszuruhen, trotz den Schießereien, die wir um uns herum hörten, konnten wir fast nicht einschlafen. Kaum hatte ich meinen Kopf niedergelegt, da klingelte mein Handy. Mein guter Freund und Reisebegleiter auf meinen vielen Vortragsreisen, Christian Stephan (auch Ehrenvorsitzender des deutschen Zweiges der Christlichen Botschaft) rief mich aus Deutschland an. „Anachnu ohavim et Israel – Wir lieben Israel!", rief er mir bzw. uns allen zu. Ich stellte mein Handy auf Lautsprecher, so dass alle Soldaten mithören konnten. Unglaublich aber war, sie standen plötzlich alle um mich herum und konnten es nicht fassen, dass ein Christ und sogar noch aus Deutschland uns israelischen Soldaten inmitten all der schrecklichen Beschuldigungen seine Liebe zurief.

Sie standen plötzlich alle mit offenen Mündern um mich herum. Sie wollten mehr über diese neue Art Christen erfahren. Seit wann lieben die Christen uns Juden, wurde ich gefragt. So erklärte ich ihnen die Herkunft dieser Liebe der Christen, die erkannt haben, dass Gott sein Volk Israel nicht verstoßen hat.

Dieses Liebesbekenntnis auf Hebräisch reichte aus, um ihnen die Herzen für das Evangelium zu öffnen. Die Fragen über das Evangelium kamen nun von ihnen. So gab ich ihnen mein persönliches Zeugnis und erzählte bis zum letzten Militärtag von Jesus.

Dieses Liebesbekenntnis zerriss die hohe Mauer zwischen den Juden und Jesus, die 2000 Jahre lang von sogenannten Christen durch christliche Verfolgungen aufgebaut worden war.

Erst vier Monate nach den vielen Medienberichten gegen Israel und massiven Beschuldigungen gaben die UNO und Amnesty International zu, dass die Israelis in Jenin kein Massaker verübt hatten. Sie bestätigten auch, dass die 52 Palästinenser während einer Schießerei gegen die Israelis umgekommen sind und dass mehr als die Hälfte dieser vorher von den Medien immer als „unschuldig" hingestellten Palästinenser schwer bewaffnet waren.

Dort in Jenin, woher 25 % der Terroristen stammen, wo wir israelische Soldaten uns in ständiger Lebensgefahr befanden und mit feindlichen Schüssen umzingelt waren, gab der Herr mir eine einmalige Möglichkeit das Evangelium zu verbreiten.

„Du bereitest vor mir einen Tisch angesichts meiner Feinde; du hast mein Haupt mit Öl gesalbt, mein Becher fließt über" (Psalm 23,5).

Sind mit den „Wächtern" die Christen gemeint?

„Denn es kommt ein Tag, da die Wächter auf dem Bergland von Ephraim rufen werden: Macht euch auf, lasst uns nach Zion gehen, zu dem HERRN, unserem Gott!

Denn so spricht der HERR: Frohlockt mit Freuden über Jakob und jauchzt über das Haupt der Völker! Verkündet, singt und sprecht: Rette, o HERR, dein Volk, den Überrest Israels!" (Jeremia 31,6-7; Schlachter).

Diese Verse sagen die heutigen Tage voraus, an denen Christen für Israel eintreten und wachen werden, sich mit Israel in guten Tagen freuen, aber auch mit Israel weinen, wenn z. B. ein Terroranschlag passiert ist. Das ist Liebe! Ich freue mich auf meinen Vortragsreisen immer über die Israel-Gebetskreise, die in den Gemeinden entstehen. Das ist Wachen! Denn mit den „Wächtern" sind genau diese Christen gemeint.

Das übliche Wort für Wächter in der Bibel ist Schomrim. Auch im modernen Hebräisch ist mit dem Wort Schomer ein Wächter gemeint. Aber nur in diesem Fall gebraucht die Bibel das Wort Nozrim für Wächter. Der Begriff Nozrim, bedeutet jedoch im modernen Hebräisch Christen. Warum hat Jeremia nicht das gewöhnliche Wort Schomrim benutzt? Gott hatte damit gewiss vor, gezielt die Christen anzusprechen, dass sie zu Wächtern Israels werden. Die Christen sollen für Israel in den Riss treten.

Nach dieser direkten Anrede Gottes an die Christen oder christlichen Wächter gab er ihnen drei Aufträge, wie sie über Israel wachen sollen. (Damit ist natürlich nicht das militärische Wacheschieben gemeint. Wäre auch nicht schlecht, dann hätte ich nicht so oft Reservedienst.)

Nein, man kann vielmehr als Christ außerhalb Israels für Gottes Volk in den Riss treten. „Verkündet es, preist den Herrn und sprecht: ‚Der Herr hat sein Volk gerettet, alle, die übrig geblieben sind von Israel!"

Israels staatliche Öffentlichkeitsarbeit ist nicht „laut" genug. Israel fehlt es am Regierungsbudget dafür und auch am Bewusstsein, dass dies äußerst wichtig ist. Wäre die Erklärung über den Grund, weshalb Israel einen Sicherheitszaun baut, nicht erst zwei Wochen vor der Gerichtsverhandlung in Den Haag – dem sogenannten neuen Weltgericht – auf der Webseite des Israelischen Außenministeriums erschienen, dann wäre es erst gar nicht so weit gekommen. Wenn die Nachrichtenagenturen sich Informationen zusammensuchen und nichts auf der israelischen Webseite finden, suchen sie ohne zu zögern direkt auf der palästinensischen Seite weiter.

Hier müssten die Christen für Israel eintreten und zu guten „Verkündern" werden. Auf der Schule, an der Universität und Arbeitsstelle, im Büro, bei der eigenen Familie – überall, wo das wahre Wissen über Israel fehlt oder wo gegen Israel gehetzt wird.

Wenn die Zeitungen negativ über Israel berichten, wäre es wichtig, einen Protestbrief an die jeweilige Redaktion zu schreiben. Jeder dieser Briefe gilt bei einer Redaktion wie tausend bürgerliche Meinungen.

Nach dem Aufruf zu verkündigen, ruft der von Gott inspirierte Jeremia uns auf, dass wir singen (preisen) sollen. Was hat denn das mit Israel zu tun? Gott hat uns Gläubigen und den Kindern Israel eine geistliche Waffe gegeben: die Waffe des Lobpreises. Als König Jehosaphat Angst bekam, gegen den starken Feind, die Edomiter, zu kämpfen, befahl er seinen Priestern Gott zu loben und zu preisen. Was geschah? Am nächsten Tag lagen alle Feinde besiegt auf dem Boden (2. Chronik 20,21-24).

Das geschah allein durch die geistliche Waffe des Lobpreises. Deshalb ist der Lobpreis in den Gemeinden so wichtig. Der Satan muss dann samt seinen Helfern fliehen, wenn Jesus die Ehre bekommt, denn die Dunkelheit verschwindet, wenn das Licht kommt. Versuchen Sie mal in Ihrem Zimmer Licht und Finsternis gleichzeitig zu halten! Sobald Sie das Licht anschalten, verschwindet die Finsternis.

„... sprecht: Rette, o HERR, dein Volk, den Überrest Israels!" (Jeremia 31,7; Schlachter). Als Drittes werden die Christen also aufgerufen, für die Errettung Israels zu beten. Gott möchte, dass wir dafür beten, obwohl wir wissen, dass diese Errettung von Gott verheißen wurde.

Hätten die Christen dies von Anfang an getan, dann wäre ihnen bewusst geworden, dass Gott eine Erlösung für die Juden voraussieht. Dann wären viele Verfolgungen der Juden nicht geschehen.

Sorgen die Gebote des Alten Testamentes für Sicherheit?

Sollten die messianischen Juden die alttestamentlichen Gebote halten oder sind sie davon befreit? In Israel haben sich einige messianische Gemeinden auf ihrer Identitätssuche mit diesem Thema befasst. Die messianischen Juden unterscheiden sich hauptsächlich in drei Kategorien.

Die kleinste unter ihnen mit nur 2 Gemeinden von insgesamt über 100 Gemeinden hält an den alttestamentlichen Geboten fest. Sie glauben, dass sie jetzt, wo sie an Jesus gläubig sind, die Gebote des Alten Testaments noch bewusster halten müssen.

Dann gibt es die, die völlig an das andere Extrem glauben. Jetzt, wenn sie an Jesus glauben, sind sie automatisch von allen Gesetzen freigesprochen.

Der Hauptstrom und damit auch die Mehrzahl der messianischen Juden liegt genau zwischen den beiden Extremgruppen. Sie sind zwar frei vom Gesetz, aber was die jüdischen Feiertage anbetrifft, feiern sie diese mit bewusster messianischer Bedeutung.

Trotz verschiedener Glaubensrichtungen lesen wir alle ein und dieselbe Bibel. In Israel sagt man: Wo zwei Juden diskutieren, da gibt es drei Meinungen.

Wie auch immer – was deutlich aus der Bibel hervorgeht, ist, dass die Thora nicht erlösen kann. Keiner kann durch sie gerecht werden. Keiner wird durch die Thora heilig. Ich sage das nicht, um die Thora zu erniedrigen, sondern nur um Jesus hochzuhalten, der sein Leben für unsere Erlösung gab. Es ist wichtig, Jesus im Zentrum unseres Glaubens zu behalten. „Ich gehöre nicht zu denen, die die Gnade Gottes gering achten. Denn wenn wir durch das Gesetz gerettet werden könnten, hätte Christus nicht sterben müssen" (Galater 2,21).

Keiner wird zum himmlischen Vater gelangen, außer allein durch Jesus. Was auch immer wir anstelle von Jesus an die erste Stelle in unserem Glaubensleben setzen – sei es das Gesetz oder die Geistesgaben –, das führt uns in die Irre. Wenn wir aber Jesus ins Zentrum unseres Glaubens stellen, dann setzt sich alles andere an die richtige Stelle.

Im Alten und Neuen Testament steht viel über das Halten der Gesetze, aber nie im Zusammenhang mit unserer Erlösung. Wenn jemand meint, dass er als Jesusgläubiger weiter die durch Mose gegebenen Gesetze halten muss, sollte er das auch tun. Er muss sich dabei nur bewusst machen, dass wir allein aus Gnade erlöst worden sind.

Das Halten der Gesetze für die Israeliten begründet die Bibel immer nur mit der Sicherheit in ihrem Land. „Deshalb bleibt dabei, alle Anweisungen genau zu befolgen, die im Gesetzbuch von Mose aufgeschrieben sind. Weicht nicht davon ab. ... Wenn ihr euch jedoch von ihm abwendet und Mischehen mit den Überlebenden der Völker, die unter euch verblieben sind, eingeht, dürft ihr sicher sein, dass der Herr, euer Gott, sie nicht mehr weiter aus eurem Land vertreiben wird. Stattdessen werden sie zu Schlinge und zum Strick werden, zum ständigen Schmerz in eurer Seite und zum Dorn in euren Augen, bis ihr aus dem guten Land, das der Herr, euer Gott, euch gegeben hat, ausgelöscht sein werdet" (Josua 23,6–13). Gott hat hier Klartext gesprochen und für das Halten seiner Gesetze nur das sichere Verbleiben im Land Israel in Aussicht gestellt – nicht, um Israel dadurch zu erlösen.

Im hebräischen Text steht für das Wort Strick in Vers 13, das Wort *Mokesch*, was im modernen Hebräisch Miene heißt. Die vielfachen Terroranschläge mit ihren verschiedenen Arten von Mienen im Land Israel sind Folgen, dass der Großteil des Volkes Israel nicht mehr das Gesetz Gottes beachtet.

Ist Allah Gott?

„Das Gottesbild der nichtchristlichen Religionen ist nicht identisch mit dem Gott, dem Vater unseres Herrn Jesus Christus. Daher sind gemeinsame Gottesdienste nicht möglich." Mit dieser Begründung verbot Joachim Kardinal Meisner, Bischof des Erzbistums Köln allen katholischen Religionslehrern, multireligiöse Feiern in Schulen zu organisieren oder an ihnen teilzunehmen.

Sofort rief der „Bundesverband Humane Schulen" zu einem Boykott auf. Die Anweisung des Kardinals sei „zutiefst empörend und unchristlich".

Auch von der Politik kam Widerstand gegen Meisner, „Abenteuerlich und ärgerlich" nannte der Vorsitzende der CDU-Landesfraktion von Nordrhein-Westfahlen, Stahl, Meisners Aussage. „Wer stark ist, muss gemeinsam Beten und es nicht unterbinden" war seine Begründung.

Die Bibel aber sagt (2. Mose 20,3): „Du sollst außer mir keine anderen Götter haben." Muslime nutzen regelmäßig christlich-islamische Feiern, um ihren Glauben an den falschen Gott, den Götzen Allah, zu bezeugen: „Es gibt keinen Gott außer Allah. Und Mohammed ist sein Prophet!" Moslems sind verpflichtet, all ihren Gebeten die „Fatiha" voranzustellen: „Es zählt kein Gebet für denjenigen, der die Eröffnungssure des Koran nicht rezitiert hat" (Hadith).

Die Fatiha aber ist eine Kampfansage an die Christen: „Dir allein Allah wollen wir dienen. Führe uns den rechten Weg und nicht den Pfad jener (Christen), die in die Irre gehen."

„Allah allein!" ist eine Kampfansage gegen jene Christen, die mit den Moslems eine multi-religiöse Gesellschaft anstreben. So las man beim Papstbesuch in der Türkei auf den Straßen Plakate mit dem Text: „Jesus ist nicht Gottes Sohn, er ist ein Prophet des Islam."

Mohammed, der Gründer des Islam, hielt an Allah, dem Götzen seiner Vorfahren, fest. Der Allah des Islam ist der Allah der vorislamischen Zeit. Darüber gibt es Zeugnisse im Koran, in den Überlieferungen (Hadith) und den ältesten Mohammed-Biographien des 8. und 9. Jahrhunderts.

Das arabische Wort „Islam" heißt „Unterwerfung unter den Willen Allahs" und hat keine Verwandtschaft mit dem arabischen Wort „Salam", welches Friede bedeutet, auch wenn es ähnlich klingt.

Nach dem Koran, dem für alle Moslems absolut verbindlichen Buch, ist Jesus ein Geschöpf Allahs: „Mit Jesus ist es wie mit Adam. Er (Allah) schuf ihn aus Erde, dann sagte er zu ihm: Sei! Und er war" (Sure 3,59). „Ungläubig sind diejenigen, die sagen: Christus ist Gott" (Sure 5,72).

Der Islam leugnet die Göttlichkeit von Jesus Christus, die Erlösung des Menschen am Kreuz, die Auferstehung von Jesus Christus und die Sendung des Heiligen Geistes.

Wer den falschen Gott, den Götzen Allah, mit dem wahren Gott gleichsetzt, verstößt gegen das erste Gebot (1. Mose 20,2-3): „Ich bin der Herr, dein Gott, der dich aus der Sklaverei in Ägypten befreit hat. Du sollst außer mir keine anderen Götter haben."

Ausdrücklich gibt jeder Muslim in seinem Glaubensbekenntnis und in seinen fünf täglichen Pflichtgebeten dem wahren Gott eine Absage: „Es gibt keinen Gott außer Allah. Und Mohammed ist sein Prophet." Der Evangelist Johannes mahnt: „Und ist nicht der ein Lügner, der behauptet, Jesus sei nicht der Christus? Wer das behauptet, ist der Antichrist, denn er verleugnet den Vater und den Sohn", 1. Johannes 2,22). So ist Allah ein falscher Gott und der Islam ist eine antichristliche Religion. Allah hat mit dem wahren Gott so wenig zu tun wie die Finsternis mit dem Licht.

„Denn Gott hat die Welt so sehr geliebt, dass er seinen einzigen Sohn hingab, damit jeder, der an ihn glaubt, nicht verloren geht, sondern das ewige Leben hat" (Johannes 3,16). Der Koran dagegen sagt: „Allah hat Sich keinen Sohn zugesellt, noch ist irgendein Gott neben Ihm" (Sure 23,91).

Nur ein kleiner Schritt vom Islam zum Jihad

Der arabisch-israelische Konflikt repräsentiert nur eine Seite des islamistischen Kampfes gegen die Nicht-Moslems. Israel ist eine Herausforderung für den Islam, welche auf der breiten Skala jedoch auch die ganze westliche Zivilisation repräsentiert, die der Islam als „Haus des Krieges" bezeichnet. Die Vernichtung Israels ist nur die erste und wesentlichste Phase in der Reihenfolge der Geschichte des Jihads bzw. des Heiligen Krieges gegen die Ungläubigen – bis alle freiwillig oder mit Gewalt zum „Haus des Islams" konvertiert werden.

Diese immer rasanter werdende Entwicklung begann nach Israels Eroberung der Jerusalemer Altstadt im Jahre 1967. In ihrem Heiligen Krieg sind alle Mittel legitim: Terroranschläge gegen unschuldige Bürger, Zerstörung von fremdem Eigentum und der Einsatz von Selbstmordattentätern.

Wenn man die heutige Politik in Israel, im Westen und in den USA beobachtet, entdeckt man eine unverantwortliche Naivität gegenüber den Gefahren des Islam. Die westliche Beschwichtigungsdiplomatie und der falsche Gebrauch vom Begriff „Frieden" führt die Welt in die Irre. Die so deutliche Tatsache, dass der Islam keinen „Frieden" will und erst recht keine Absicht hat, auf seinen Jihad zu verzichten, wird von den Politikern in der Welt einfach ignoriert. In diesem Fall versetzen sich Israel und der Westen auf dem Nahost-Basar in eine

Käuferposition einer nichtexistierenden Ware, denn schon der Prophet Jeremia warnt vor einem „Friede, Friede! – und da ist doch kein Friede" (6,14). Der Prophet Jesaja sagt (5,20): „Schlimm wird es denen ergehen, die das Böse gut und das Gute böse, die das Dunkle hell und das Helle dunkel, das Bittere süß und das Süße bitter nennen."

Seit Beginn der Oslo-Friedensgespräche 1993 hat die arabische Welt und haben die Palästinenser keinen einzigen Schritt getan, an dem man ihre wahre Absicht für einen Frieden mit Israel erkennen könnte. Israel dagegen hat viel Land gegeben und tausende Terroristen aus den Gefängnissen freigelassen; immer in der Hoffnung, dass Israels wahrer Friedenswunsch bei den Palästinensern ankommt, um sie als Friedenspartner zu gewinnen.

Das „Gaza-Jericho-Abkommen" scheiterte bereits am ersten Tag. Es sollte ein israelischer Versuch sein, um herauszufinden, ob und welchen Frieden Israel von den Palästinensern bekommen wird, wenn es Gebiete an sie abgibt. 1994 war ich als Augenzeuge und Reporter für „Israel heute" in Jericho, um bei der Übergabe und dem Einzug Jasir Arafats dabei zu sein. Ich hoffte und stellte mir vor, dass die palästinensische Bevölkerung in Jericho den ersten Friedensschritt mit Israel feiern würde. Ganz im Gegenteil: Anti-Israelische Demonstrationen mit Sprüchen wie „Mit Geist und mit Blut werden wir Palästina befreien" waren an der Tagesordnung.

Eine normale menschliche Logik hätte gesagt: „Wenn wir diese beiden Städte schon bekommen haben und den Israelis wahren Frieden geben, dann werden sie uns auch bald die restlichen Gebiete wiedergeben." Das war auch Israels Absicht, deswegen nannte man dieses Abkommen im Englischen auch „Gaza-Jericho First" („Gaza-Jericho Zuerst"). Sobald der letzte israelische Soldat aus Jericho und Gaza raus war, wurden diese Gebiete für jeden Israeli lebensgefährlich, der es wagte durch Jericho zu fahren. Darum musste Israel eine Umgehungsstraße um Jericho bauen.

In den Jahren darauf folgten weitere Friedensverhandlungen zwischen Israel und den Palästinensern. Aber Israel ignorierte das Scheitern der vorangegangenen Friedensversuche und ihre tödlichen Folgen. Mit Hilfe des weltlichen und palästinensischen Drucks glaubten die Israelis weiter oder erneut an friedensliebende Palästinenser. So gab Israel in den folgenden Jahren weitere Gebiete an die Palästinenser ab, damit sie ihre eigene Autonomie darin aufbauen konnten. Aber auch diese Gebiete verwandelten sich schnell zu Todesfallen für Israelis. Als sich in Ramallah zwei Israelis verfahren hatten, flohen sie zur nächsten palästinensischen Polizeistation. Doch gerade dort wurden sie vom Mob, vor laufender Kamera, zu Tode gelyncht. Mir wird jetzt noch schlecht, wenn ich an die Bilder in den Nachrichten denke: ein junger Araber, der das herausgerissene Herz des Israelis, Vater von drei Kindern, aus dem Fenster hielt und die frenetisch jubelnden Palästinenser. Dabei wurde die Stadt Ramallah nur kurz vorher an die Palästinenser abgegeben, mit den gleichen Friedensabsichten Israels wie bei Gaza und Jericho.

Als Israel im Jahr 2005 den Trennungsplan durchführte, was für Israel nicht nur Landabgabe bedeutete, sondern auch die Verwandlung von 10 000 Israelis zu Flüchtlingen, was in Israel beinahe einen Bürgerkrieg auslöste, konnten die Palästinenser nicht einmal einen Tag abwarten, nachdem die letzten israelischen Militärfahrzeuge den Gazastreifen verlassen hatten, um ihre Kassam-Raketen vom Gazastreifen aus auf jüdische Städte in Israel abzuschießen. Damit brachten sie viele „Peace now"-Israelis (dt. „Friede jetzt", eine außerparlamentarische politische Bewegung in Israel) in ein Dilemma, denn die palästinensische Begründung, Terror gegen Israel zu führen, war immer die israelische Besatzung und die Siedlungspolitik der Israelis gewesen. Jetzt waren aber alle Siedler abgezogen und es gab keine jüdische Siedlung mehr im Gazastreifen. Somit wurde ihnen jeder Grund, Terror gegen Israel zu führen, entzogen. Ungeachtet dessen wurden seit Israels Abzug aus dem Gazastreifen im ersten Jahr danach mehr als 1000 Raketen auf Israel abgeschossen. Damit bewiesen die Palästinenser wieder einmal, dass sie keine Friedensabsichten haben, solange Israel existiert.

Immer wieder reisen westliche Politiker als Vermittler nach Israel, um die israelische Regierung davon zu überzeugen, wie friedliebend doch die Palästinenser und Israels arabische Nachbarnationen sind. Alles, was sie von Israel erwarten, um Frieden mit ihnen zu ermöglichen, wäre nur ein kleiner palästinensischer Staat neben dem jüdischen Staat. Dies sind die Behauptungen und Forderungen, die wir schon seit Jahren ständig von allen Medien zu hören bekommen – die aber nicht mit einem Wort in irgendeinem autorisiertem oder halbautorisiertem arabisch-islamischen Dokument zu finden sind.

Eine offizielle arabische Aussage war dagegen auf vielen englischen Internetseiten und in anderen Medien zu finden: Dass die arabische Forderung, die Besetzung Israels zu beenden, nur ein Vorwand sei, Israel aus strategisch wertvollen Stützpunkten zu vertreiben und weiter durch Kassam-Raketen von Hamas-Palästinensern im Süden und Katjusha-Raketen von Hisbollah-Libanesen im Norden einzuschüchtern.

Sie unterdrücken die Tatsache, die sie besser als jeder andere wissen: Seit 1979 ist die Mehrheit der muslimischen Welt durch das Feuer einer messianischen Erwartung in Brand gesetzt. Je fundamentalistischer die Moslems werden, desto fanatischer erwarten sie die Eroberung der Welt durch den „Jihad", den Heiligen Krieg.

Von diesem Punkt aus schoss die geschmolzene Lava des Jihads nach vorne, ergoss sich besonders stark im Nahen Osten und auch über die ganze Welt. Sie floss durch die Tunnel des fanatischen islamischen Fundamentalismus, zündete halb erstarrte Hoffnungen an und entfachte das Feuer des Hasses gegen alle Nichtmoslems.

Das große Rätsel ist hier nicht die Verheimlichung ihrer Vernichtungspläne gegenüber Israel von Seiten der Araber, sondern die Ignoranz oder Blindheit der Israelis und der Welt gegenüber dem schon begonnenen Heiligen Krieg.

Als Missionar in Israel

Zum Thema Mission in Israel kursieren in der Welt falsche Gerüchte und Angstmacherei. Auf meinen vielen Vortragsreisen in der ganzen Welt bekomme ich oft dieselbe Frage gestellt: Wie geht es den armen verfolgten Messianischen Juden? Wie der immer größer werdende Ring um einen Tropfen Wasser, der in den See tropft, wird ein kleiner relativ harmloser Vorfall gegen die messianische Gemeinde zu einer großen Verfolgung hochstilisiert. Eines Samstagmorgens fand man an der Wand einer messianischen Gemeinde ein antimissionarisches Graffiti. Dieser Vorfall wurde in die ganze Welt ausführlich berichtet. Je weiter es bis zum Ende der Welt kam, desto schlimmer wurde über diesen Fall berichtet. Am folgenden Tag haben einige Brüder die Mauer wieder gesäubert und die Sache war vergessen.

Dabei stelle ich fest, wie falsche Berichte, oder vorsichtiger ausgedrückt, übertriebene Berichte, schnell einen falschen Eindruck über das eigentliche Geschehen vermitteln.

Ein sonniger Tag, ideal geeignet um gut gelaunte Israelis in Jerusalem auf der Straße über Jesus bzw. Yeshua anzusprechen. Wir versammelten uns zuerst zum Gebet im Zentrum Jerusalems. Danach gingen wir in zwei Gruppen, je zu dritt mit einer vollen Tasche Traktate und Neuen Testamenten auf Hebräisch, wie der Geist uns führte. Viele griffen nach den Traktaten, doch als sie den Namen Yeshua darauf fanden, warfen sie diese ohne etwas zu sagen in die nächste Mülltonne. Wir nahmen die Traktate dort wieder heraus. Andere dagegen kamen mit offenen Fragen zurück und es ergaben sich tiefe Gespräche, wie es sein kann, dass Yeshua der lang erwartete Messias ist. Es gab natürlich auch einige, die uns böse beschimpften und Verräter nannten. Die aber gibt es überall auf der Welt, wo man es wagt, mit dem Evangelium auf die Straße zu gehen.

Dann geschah etwas, was die heutige israelische Gesellschaft ziemlich deutlich charakterisiert. Es versammelten sich immer mehr Leute um uns herum. Sie hörten mit großer Aufmerksamkeit unseren Erklärungen zu, wie wir ihnen aus Jesaja die Verse über den Messias vorlasen. Wir kamen uns vor wie zu Zeiten der Apostel in Jerusalem. Das ging soweit gut, bis auf einmal auch ein paar schwarz gekleidete orthodoxe Juden dazu kamen.

Auch hier – wie zu Zeiten Jesu die Pharisäer – regten sie sich auf und versuchten, uns davon abzuhalten. Sie schickten die Zuhörer um uns herum fort. Einer von ihnen schubste uns und drohte mit der Faust. Doch auf einmal protestierten zwei säkulare Israelis dagegen, drückten die orthodoxen zur Seite und drohten ihnen ebenso mit der Faust. Sie hielten den orthodoxen Juden vor, dass sie kein Recht darauf hätten, uns messianische Juden aufzuhalten. Wo seien sie denn gewesen, während wir unseren dreijährigen Militärdienst geleistet hatten? Darauf hatten sie keine Antwort, wie sie auch damals vor 200 Jahren zu den Fragen, die Jesus ihnen stellte, keine hatten. Die messianischen Juden dienen wie alle Israelis drei ihrer besten Jahre im Militär – im

Gegensatz zu den orthodoxen Juden. Das wird ihnen von der Gesellschaft sehr übel genommen und wiederum an den messianischen Juden sehr geschätzt.

Dieser Fall reflektiert die heutige Lage der israelischen Gesellschaft, wie sie auf Evangelisierung reagierten. So können wir die Israelis in zwei Gruppen, Orthodoxe und Säkulare, aufteilen. Der Ort, wo missioniert wird, spielt eine große Rolle und ebenso, wie man missioniert. In Jerusalem, eine sehr religiös geprägte Stadt, kennt man die Bibel sehr gut und glaubt auch, was darin geschrieben steht. Deshalb sollte man in Jerusalem das Evangelium mit dem Alten Testament verkündigen.

In Tel Aviv wiederum kann man die Bibel zu Hause lassen, denn dort gilt sie als altmodisch und primitiv. Dort suchen die überwiegend weltlichen Menschen nach wahrer Liebe und Sinn im Leben. Die biblischen Propheten wie Jesaja sind den Tel Aviv oft nur vom Namen her bekannt.

Die orthodoxen Juden hören aber auch offen zu, wenn man sie persönlich anspricht und nicht öffentlich auf der Straße. Besonders wenn man sich etwas im Talmud auskennt und einige ihrer Rabbiner zitiert, dann öffnet sich ihr Ohr und manchmal auch ihr Herz.

Es ist deshalb erwünscht, bevor man in Israel auf der Straße evangelisiert, dass man sich diesen vielschichtigen Herausforderungen bewusst ist.

Man sollte auch verstehen, woher der starke Widerstand der orthodoxen Juden bzw. bewussten Juden stammt. Sie befürchten nämlich, dass, was die vielen

Judenverfolger in der christlichen Geschichte durch physischen Mord nicht geschafft haben, jetzt die Missionare auf geistlicher Ebene versuchen. „Versuchten sie vorher unsere Leiber zu töten, wollen sie nun unsere Seelen töten", heißt es.

Man sollte auch nicht vergessen, dass Gott selbst die Juden mit einer Blindheit für das Evangelium geschlagen hat und alles nur, um in dieser Zeit auch die Heiden zu retten. Es ist deshalb gar nicht ihre Schuld, dass sie so stur das Evangelium ablehnen und nicht erkennen. Gott hat ihnen letztendlich eine Decke vor die Augen gehängt. Er hat aber auch wiederum verheißen, dass er eines Tages diese Decke bzw. Blindheit wegnehmen wird. Wann? Nicht bevor die Vollzahl der Heiden eingetreten ist!

Solange bleiben die Juden blind für das Evangelium. Wenn der letzte von Gott auserwählte Heide sich zu Jesus bekehrt hat, dann sind die Juden dran und „werden auf mich sehen, den sie durchstochen haben" (Sacharja 12,10; Schlachter).

Auch Adam wurde von Gott in einen tiefen Schlaf gelegte, solange bis Gott Eva fertig geschaffen hatte. Während der ganzen Zeit hat er also nicht mitbekommen, was Gott an seiner Frau wirkt. Gott weckte ihn erst dann wieder von seiner „Blindheit" auf, als Eva vollständig geschaffen war.

Nur weil die Juden Jesus vor 2000 Jahren ablehnten, konnte das Evangelium in die ganze Welt verbreitet werden. Hätten sie ihn alle als ihren Messias angenommen, wäre Jesus in den Augen der Welt zwar ein hoher

Rabbiner für die Juden, aber uninteressant für die Welt. Nur weil er abgelehnt wurde, konnte das Evangelium Eintritt in die Nationen der Welt finden, denn „Ihr Ungehorsam führte dazu, dass auch die anderen Völker gerettet werden" (Römer 11,11).

Deswegen scheint mir die größere Freude über einen bekehrten Juden als über einen bekehrten Heiden nicht biblisch. Denn erst wenn die Vollzahl der Heiden eingetreten ist, sind die Juden dran. Wer für die Erlösung der Juden betet, der sollte so viel wie möglich, den Heiden auf dieser Welt von Jesus erzählen, damit die Vollzahl aus den Heiden endlich erreicht wird und dadurch die Erlösung Israels ermöglicht wird.

Kaltblütig ermordet

In meinen jungen Jahren, als noch unverheirateter Junggeselle, hatte ich eine hübsche Freundin, Or, deren Eltern aus Marokko nach Israel eingewandert sind. Sie hatte auch eine bildhübsche jüngere Schwester Iris, die noch beim Militär war. An den Wochenenden durfte sie nach Hause kommen und so schloss sie sich immer zusammen mit ihrem Freund uns an, wenn wir ausgingen. Wir vier waren sehr gut befreundet und unternahmen viele Sachen gemeinsam. Zu der Zeit arbeitete ich als Fotojournalist bei Israels größter Tageszeitung, Yediot Aharonot. Sehr oft saßen wir in einem Cafe oder tranken gemütlich ein Bierchen. Da klingelte mein Beeper und ich musste mich entschuldigen und losrennen. Sehr oft war dies ein Ruf, um irgendwo einen Terroranschlag zu fotografieren – genauer gesagt: die Leichen und Verletzten.

Eines Abends saßen wir vier wieder in einem der vielen guten Restaurants in Jerusalem und waren in einem Gespräch über das Schicksal im Leben vertieft. Ich war damals zwar noch kein wiedergeborener Christ, aber dennoch erzählte ich ihnen von der Bibel und der baldigen Wiederkunft von Jesus, mit der auch die Toten auferstehen werden. Ich hatte natürlich keine Ahnung, dass dies mein letztes Gespräch mit Iris sein würde, und ihre letzte Möglichkeit, von Jesus zu erfahren. Ich wunderte mich überhaupt, dass mein Beeper an diesem Abend nicht klingelte. Das hat Gott so geleitet, damit ich ihnen die Gute Botschaft verkündigen konnte.

Ich war schon in meinem Bett, als der Beeper dann doch klingelte und mich weckte. Die Nachricht war kurz und merkwürdig: „Gewalt in Baka, komm zur Straße Yair". Das war nur eine Straße neben der Othniel Strasse, wo meine Eltern wohnen. Ich packte meine immer bereitliegende Kamera und eilte los. Der Krankenwagen kam zeitgleich an und drängelte sich durch die neugierige Menschenmenge. Ich lief ihnen hinterher und brachte meine Kamera in Position. Der Rettungssanitäter erzählte mir auf dem Weg, dass hier ein junges Mädchen, eine Soldatin, mit einem Messer erstochen worden war. Ich hörte die Mutter, ihr erwachsenes Kind auf dem Schoß, schluchzen. Wir Fotografen waren schon so abgehärtet, dass wir erst die Bilder schossen und dann später unsere Gefühle über das Schicksal zeigten. Durch die Linse der Kamera konnte ich die dramatisch traurige Szene aufschnappen. Plötzlich bekam ich fast einen Herzinfarkt, wurde blass wie Schnee und blieb schockiert wie angewurzelt stehen. „Iris!", rief ich und erkannte auf einmal auch ihre Mutter. Ich umarmte sie und weinte mit ihr, bis Iris für immer ihre Augen schloss.

Vielleicht aber auch nicht für immer. Denn auf einmal dachte ich an unser Gespräch in der Nacht davor und dankte Gott für die Gelegenheit, die er diesem jungen Mädchen, der Schwester meiner Freundin, noch gegeben hatte, bevor der palästinensische Terrorist sie kaltblütig erstach.

Dieser Terrorist tötete an diesem Morgen noch einen israelischen Gärtner und auch einen Polizisten, der den Bedrängten zu Hilfe kam. Der Polizist hörte die Hilferufe von Iris und rannte bewaffnet aus dem Haus. Er sah den Palästinenser mit dem Messer fliehen und rannte ihm nach, indem er ihm mindestens zweimal, laut Vorschrift, zurief zu stoppen. Dieser stoppte dann auch, drehte sich zu dem Polizisten um und rannte auf ihn los. Der Polizist kam nicht mehr dazu, die vorgeschriebene Reihenfolge zur Selbstverteidigung auszuführen. So wurde auch er von dem Terroristen erstochen. Gemäß Vorschrift muss man nach dem zweiten Halteruf erst in die Luft schießen. Danach auf die Beine und erst danach, und nur wenn das eigene Leben wirklich in Gefahr ist, darf man dem Terroristen eine Kugel ins Herz oder in den Kopf schießen. Der Polizist wollte aus Furcht vor den Gerichtsbehörden korrekt sein. Das kostete ihm sein Leben. Terroristen dagegen überfallen ihre Opfer feige von hinten.

Dieser Fall ist leider keine Ausnahme. Polizisten oder Soldaten kommen um, weil sie mehr Angst vor dem gerichtlichen Strafverfahren als vor dem Tod haben.

Im nächsten Kapitel beschreibe ich ein persönliches Erlebnis, das erklärt, wie bei den Israelis diese Gerichtsfurcht entstanden ist.

„Halt, oder ich schieße!"

Nach unserem dreijährigen Militärdienst sind wir verpflichtet, jedes Jahr 30 Tage zum Reservedienst an die Front zu gehen. Weil Israel von arabisch-feindlichen Nationen umgeben ist und viele Terroranschläge innerhalb des Landes geschehen, muss dieser Reservedienst sein. Der Reservedienst gehört mit zum Alltag in Israel. Manchmal tun diese paar Wochen ganz gut, wenn gerade Ruhe im Land herrscht und man dadurch die Möglichkeit hat, vom Arbeitsstress abzuschalten. Das ist aber leider nicht oft der Fall. So bekam auch ich wieder einen dieser braunen Briefe von der Armee und wusste, dass ich bald wieder antreten musste.

Diesmal wurde ich im Gazastreifen stationiert. Auf einer Militärbasis, wo kurz zuvor Folgendes passierte: Ein Esel ging an einem Zaun entlang. Dabei explodierte die Kiste mit Sprengstoff auf seinem Anhänger. Einer der Soldaten wurde verletzt und musste ins Krankenhaus gebracht werden. „Die komplette Straße, parallel zu unserem Lagerzaun ist von nun an für alle Palästinenser geschlossen", schärfte uns der Kommandeur ein.

Diese Basis gehörte zur israelischen Marine und hatte große Antennen und Radarschirme, die von acht Soldatinnen bedient wurden. Sie beobachteten Tag und Nacht den gesamten Schiffsverkehr an der südlichen Küste Israels bis nach Ägypten. Um sie herum hatten wir unser Lager aufgebaut und so waren sie auch dadurch geschützt.

Neben unseren Aktivitäten in der Stadt Gaza selbst, mussten wir tagsüber auch Wache stehen. So stand ich auf einem der Wachtürme und schaute von der Höhe auf die Landschaften des Gazastreifens. Ständig fuhren Militärfahrzeuge raus und rein in die Basis. Sie konnten meine Illusionen von einem friedlichen Gazastreifen nicht stoppen. Ich überlegte, was diese Gegend doch für ein Potenzial hat, gäbe es nur Frieden zwischen uns Israelis und unseren palästinensischen Nachbarn. Das blaue Mittelmeer mit dem sandigen Strand und den Palmen überall hätte eine Israelisch-Palästinensische Riviera sein können, wo jährlich Millionen von Touristen ihren Urlaub genießen könnten. Aber... zurück zur Realität!

Ich sah auf einmal in der Ferne einen Palästinenser mit einem Fahrrad ankommen. Er hatte eine Kiste hinten auf dem Rad. Genau wie die Kiste auf dem Anhänger des Esels vor zwei Wochen. Mein Herz klopfte. Laut rief ich auf Arabisch „Uakef walla Batuchak!" („Halt, oder ich schieße!"). Zweimal, genau nach Vorschrift. Aber er stoppte nicht und näherte sich immer weiter dem Zaun. Ich schoss in die Luft, um ihn dadurch zu erschrecken. Da war er aber schon dicht am Zaun, ließ sein Fahrrad fallen und lief mit einer hochgehobenen Hand auf das verriegelte Basistor zu. Der Torwächter hatte schon eine Patrone im Gewehr, als er zögerte und feststellte, dass der Palästinenser keine Handgranate in seiner Faust hatte, sondern Rauschgift.

Aufgrund des Schusses kamen alle Soldaten in der Basis angerannt, um zu sehen was los war. Dann kam aber auch die Mutter des 17-jährigen Palästinensers aus dem Dorf schimpfend auf uns zu, wir hätten ihrem Sohn mit den Schüssen Angst eingejagt.

Es stellte sich heraus, dass der Junge ein wenig geistig behindert war und gerade Rauschgift für seine Kumpels transportierte. Die Mutter wurde mit ihm nach einer halben Stunde wieder heimgeschickt und die Sache hat sich wieder beruhigt. Nicht jedoch für mich. Am folgenden Tag wurde ich zur Militärpolizei gerufen, um zu erklären, warum ich in die Luft geschossen hatte. Warum ich mir so sicher war, dass Sprengstoff in der Kiste auf seinem Fahrrad gewesen war. Eine Woche später stand ich vor dem Militärgericht und musste meinen Schuss, den ich laut Vorschrift ausgeführt hatte, rechtfertigen. Obwohl ich freigesprochen wurde, verließ ich den Saal mit einem mulmigen Gefühl, als ob ich etwas verbrochen hätte. Mir wurde klar, dass ich beim nächsten Mal länger überlegen würde, bevor ich auch nur in die Luft schießen würde, damit ich diesen Prozess nicht wiederholen müsste.

Genau das ist der Grund, warum viele israelische Soldaten und auch Polizisten umkommen. Sie zögern zu lange, bevor sie auf die Gefahr schießen; dann aber ist es oft zu spät und sie finden den Tod.

Zwei Tage nach diesem Vorfall erschien ein Zeitungsbericht, in dem aber kein Wort von der Gefahr für uns Soldaten erwähnt wurde, sondern nur, dass israelische Soldaten einem geistig behinderten Palästinenser mit Schüssen in die Luft Angst eingejagt und ihn dadurch belästigt hätten.

Kann eine Nation an einem Tag entstehen?

Jesaja sah die Geburt des Staates Israel 1948 schon voraus. Jesaja beschrieb eine schwangere Frau, die ein Kind gebar, bevor sie Geburtswehen spürte und weist damit auf eine Nation hin, die an einem Tag geboren wird. Das erklärt, was am 15. Mai 1948 passierte – als die Juden ihre Unabhängigkeit für den Staat Israel erklärten. Eine vereinte und souveräne Nation zum ersten Mal nach 2900 Jahren.

Am selben Tag veröffentlichten die Vereinten Nationen eine offizielle Aussage, dass sie die Hoheit Israels anerkennen. Nur einige Stunden zuvor war das Mandat der UNO, welches den Briten die Kontrolle über das Land verlieh, abgelaufen gewesen. In einer Zeitspanne von nur 24 Stunden endete die fremde Kontrolle über das Land und Israel erklärte seine Unabhängigkeit, welche auch von anderen Ländern anerkannt wurde. Das moderne Israel wurde wortwörtlich an einem Tag geboren.

Jesaja sagte, dass die Geburt vor den Wehen stattfinden wird. Genau das ist auch geschehen. Die Zionistische Bewegung begann im 18. Jahrhundert und ermutigte die Juden weltweit, nach Israel, was damals noch Palästina hieß, zu ziehen. Nur einige Stunden nach der Unabhängigkeitserklärung 1948 wurde Israel von allen umliegenden arabischen Ländern angegriffen: von Ägypten, Jordanien, Syrien, Libanon, Irak und Saudi Arabien.

Wenn wir die beiden Verse in Jesaja 66,7-8 lesen und die Entstehung Israels kennen, entdecken wir den hautnahen Zusammenhang. Die Zionistische Bewegung, die die Schwangerschaft darstellt, die Gründung des Staates Israel an einem Tag und die Geburtswehen mit dem danach ausgebrochenen Unabhängigkeitskrieg als Folgen der Geburt und nicht umgekehrt.

„Noch bevor die Wehen einsetzten, hat sie geboren, noch ehe die Wehen begannen, bekam sie einen Sohn. Wer hat so etwas jemals gehört? Wer hat so etwas schon gesehen? Hat ein Land sich je an einem Tag gebildet? Wurde je ein Volk an einem einzigen Tag geboren? Doch Zions Wehen hatten kaum eingesetzt, da waren ihre Söhne schon geboren" (Jesaja 66,7-8).

Der Prophet Jeremia sagte voraus, dass das zweite Israel eindrucksvoller sein wird als das erste. In vielerlei Hinsicht ist das auch der Fall. Das erste Israel entstand zu Zeiten Moses, als er die Nachkommenschaft Jakobs aus Ägypten, wo sie 400 Jahre als Sklaven litten, führte. Dann eroberten sie das Land Kanaan und gründeten vor 3400 Jahren Israel zum ersten Mal. Das zweite Israel wurde gegründet, nachdem die Juden in der ganzen Welt ein paar tausend Jahre verstreut waren. Diesmal kamen sie nicht nur aus Ägypten, sondern aus viel weiteren Ländern, z.B. aus den USA, aus China, Russland und Südafrika.

„‚Aber eines könnt ihr mit Sicherheit wissen: Es kommt die Zeit', spricht der Herr, ‚da wird keiner mehr beim Schwören sagen: „So wahr der Herr lebt, der das Volk Israel aus Ägypten geführt hat." Stattdessen werden sie sagen: „So wahr der Herr lebt, der das Volk Israel aus dem Land im Norden zurückgebracht hat und aus alle den anderen Ländern, in die er es vertrieben hatte." Denn ich werde sie in das Land zurückbringen, das ich ihren Vorfahren gab'" (Jeremia 16,14-15).

Auch Hesekiel hat Israel schon vorausgesehen. Er wusste sogar in welchem Jahr es gegründet werden wird. In Hesekiel 4,3-6 steht, dass die Juden die Kontrolle über ihr Land verloren haben und dafür 430 Jahre bestraft werden. Viele Juden wurden als Folge dafür nach Babylon verschleppt.

Dann wurde Babylon von Cyrus erobert. Er wiederum erlaubte den Juden, nach Jerusalem zurückzukehren. Aber nur eine kleine Anzahl von ihnen nahmen das Angebot an. Diese Rückkehr fand um das Jahr 536 herum statt, also 70 Jahre nachdem das Königreich Judäa seine Hoheit an Babylon verlor.

Weil die meisten Juden in der Diaspora es bevorzugten im heidnischen Babylon zu bleiben, anstelle ins Heilige Land zurück zu kehren, wurden die übrigen 360 von den 430 Jahren, siebenfältig vermehrt. Der Grund dazu ist in 3. Mose 26 zu finden (Verse 18, 21, 24 und 28). Dort steht, dass wenn Gottes Volk keine Buße tut und ihm gehorcht, während sie sich in der Bestrafung Gottes befinden, die Strafe sich sieben Mal vervielfältigen wird.

Hesekiel hat die übrigen 360 Jahre siebenmal nach dem antiken Mondkalender (mit nur 360 Tagen in einem Jahr) multipliziert und kam auf eine Strafenverlängerung von 2484 Jahren. Jetzt musste er nur noch diese Jahre, angefangen von dem Rückkehrjahr aus Babylon

536 v. Chr. nach vorne zählen, bis er das moderne Geburtsjahr Israels 1948 herausfinden konnte.

„Nimm eine Eisenpfanne und stell sie als eiserne Wand zwischen dich und die Stadt. Dann richte deinen Blick auf die Stadt und belagere und bedränge sie auf diese Weise. Das soll ein Zeichen für das Volk der Israeliten sein. Leg dich danach auf deine linke Seite und nimm die Schuld von Israel auf dich. Du sollst ihre Sünden so lang tragen, wie du dort auf der Seite liegst. Aus den Jahren ihrer Sünde mache ich für dich Tage: 390 Tage sollst du die Schuld des israelitischen Volkes tragen. Wenn du diese Zeit hinter dich gebracht hast, dann dreh dich um und leg dich auf deine rechte Seite und trag die Schuld des Hauses Juda. 40 Tage – einen Tag für jedes Jahr, so lege ich es dir auf" (Hesekiel 4,3-6).

Sie müssen nicht dabei sein!

Die Bibel spricht von einem Gericht Gottes über alle Nationen der Welt, wenn sie nach Jerusalem ins Tal Joschafats ziehen werden. Dort wird Gott sie für das, was sie an seinem Volk Israel angerichtet haben, richten.

Wenn man sich mal fragen würde, was der eigentliche Grund ist, weshalb Gott sie richten wird, würde man vielleicht im ersten Gedanken meinen, wegen den vielen Verfolgungen und Hinrichtungen an dem jüdischen Volk. Wegen des schrecklichen Holocaust, den Kreuzzügen oder der Inquisition. Das würde längst für ein Gericht ausreichen. Bei all diesen Missetaten fiel auf alle Fälle eine große Traurigkeit über Gott, aber dies sind nicht die eigentlichen Gründe seines Gerichtes über die Nationen.

Aus zwei anderen Gründen wird er das Gericht über die Völker kommen lassen. Einmal, weil sie ständig sein Volk unter die Nationen zerstreut haben; die Babylonier oder die Römer... Der zweite Grund ist, weil sie ständig das Land Israel geteilt haben.

„Denn siehe, in jenen Tagen und zu jener Zeit, wenn ich das Geschick Judas und Jerusalems wenden werde, dann werde ich alle Nationen versammeln und sie in das Tal Josaphat hinabführen. Und ich werde dort mit ihnen ins Gericht gehen wegen meines Volkes und meines

Erbteils Israel, das sie unter die Nationen zerstreut haben. Und mein Land haben sie geteilt" (Joel 4,1-3).

Bis zum heutigen Tag sind die Nationen bzw. die UNO, die EU und sogar die USA damit beschäftigt, Israels Grenzen ständig zu verändern und damit das Land aufzuteilen.

Schon vor der Staatsgründung Israels im Jahr 1947 teilte die UNO mit dem Teilungsplan 181, das damals sogenannte Palästina in zwei Teile auf. Ein Teil für die Araber und der kleinere Teil für die Juden.

Das heute umstrittenste Gebiet in Israel sind die sogenannten „Besetzten Gebiete" oder biblisch genannt, Judäa und Samaria. Dort, wo einst die jüdische Stiftshütte fast 400 Jahre in Schiloh gestanden hat. Jetzt versucht die Welt, dem jüdischen Volk dieses Gebiet vom Land Israel „abzuschneiden" und einen palästinensischen Staat daraus zu machen. Manche arabischen Nationen fordern von Israel, sich zu den Grenzen von 1947 zurückzuziehen, und wollen Israel damit noch mehr Land wegnehmen.

Die Golanhöhen, welche auch zum verheißenen Land Israel gehören, soll Israel an Syrien für einen Scheinfrieden abgeben.

Die Nationen sind ständig damit beschäftigt, die Juden aus ihrer Heimat zu zerstreuen und das Land aufzuteilen. Ein unerklärbarer Drang bringt die Nationen dazu, sich so sehr für die Grenzveränderung Israels einzusetzen und die Juden ständig aus ihrem Land zu vertreiben. Das sind die beiden Gründe, wofür Gott einmal die Nationen strafen wird. Das sind aber auch die beiden Hindernisse für die Rückkehr von Jesus. Denn, wenn einmal die Wiederherstellung des Volkes und des Landes Israel vollständig ist, dann wird Jesus wiederkommen.

Genau das möchte der Teufel verhindern: die Rückkehr von Jesus. Dafür missbraucht er die Nationen, die sich leider dafür missbrauchen lassen. Er weiß genau: Wenn die Juden alle zurück in ihre Heimat gereist sind und in ihren von Gott verheißenen Grenzen leben werden, wird Jesus sich seinem Volk offenbaren. So wie Josef sich seinen Brüdern erst dann zu erkennen gab, nachdem auch sein kleiner Bruder Benjamin vor ihm stand.

Noch vor diesem Gericht Gottes werden die Nationen alle nach Jerusalem ziehen um „den Laststein Jerusalem wegzuheben" (Sacharja 12,3)

Die Medien bestimmen heutzutage die Weltmeinung. Die Berichterstattungen über Israel sind meistens einseitig gegen Israel. Dazu kommen die vielen Moslems in Europa, die für einen erneuten Antisemitismus sorgen. Irgendwann wird es soweit kommen, dass man Jerusalem als einen Laststein betrachten wird, den sie dann versuchen wegzuheben. Es wird einmal soweit kommen, weil es in der Bibel steht.

Da müssen Sie aber nicht dabei sein! Gott hat den Christen eine zweite Gelegenheit gegeben, diesmal nicht zu schweigen, indem sie heute in dieser anti-israelischen Welt für Israel in den Riss treten.

60 Jahre zuvor stand eine Kirche in der Nähe einer Eisenbahnschiene, wo die Züge vollgepackt mit Juden ihren

Weg nach Auschwitz zu den Gaskammern antraten. Jeden Sonntag, wenn die gläubigen Christen schon von der Ferne den Zug kommen hörten, wurde ihr Gesang immer lauter und lauter, bis der Zug vorüber war. Die christliche Welt hat damals geschwiegen.

Die Weltmeinung gegen Israel wird heutzutage immer brutaler. Durch Medienberichte, Verurteilung Israels vor dem Weltgericht in Den Haag, weil sie sich mit einem Sicherheitszaun gegen Selbstmordterroristen zu schützen versuchen. Seit dem zweiten Libanonkrieg sind die antisemitischen Aktivitäten in Europa um 25 % gestiegen. Man schreibt, berichtet und schimpft ständig gegen Israel.

Gottes Konzept über Israel sieht dabei ganz anders aus. Es ist genau das Gegenteil, was Gott von uns verlangt, in unserem Verhalten gegenüber seinem Volk:

„Redet freundlich mit Jerusalem!" (Jesaja 40,2),
„Tröstet, tröstet mein Volk, spricht euer Gott!" (40,1) und
„Wünschet Jerusalem Glück!" (Psalm 122,6).

Die immer stärker vorherrschende Weltmeinung gegen die Juden, wird meistens politische begründet, oder mit humanistischen Anklagen gegen ein kleines Volk, das sich allein gegen blutdürstige Terroristen und Feinde wehren muss.

In dem folgenden Vers bietet Gott eine Möglichkeit an, nicht mit der Welt gegen Israel zu schimpfen und letztendlich mitzuziehen. Wer Israel segnet, wird nicht unter Gottes Gericht kommen, sondern von ihm gesegnet werden. Amen!

„Wer dich verflucht, soll verflucht sein. Wer dich aber segnet, der soll gesegnet sein" (1. Mose 27,29).

Der Medientrick

Die vielen Medienberichte über Israels Militäraktionen gegen den ständigen Terror sind überwiegend einseitig. Das ist kein Geheimnis mehr. Doch lässt sich die Meinung der Menschen gegenüber Israel von den Medien weiterhin beeinflussen. Das schürt den immer größer werdenden Hass gegen Israel. Früher nannte man diesen Hass gegen die Juden Antisemitismus. Das erinnert an die Nazis und klingt heute altmodisch. Deshalb ist es populärer geworden, nicht die Juden zu hassen, sondern die Israelis – und das heißt Antizionismus. Ein und dasselbe Raubtier wechselte nur das Fellmuster: aus dem Antijudaismus des Mittelalters wurde der Antisemitismus der Neuzeit und kleidet sich heute als Antizionismus.

Es ist auf eine gewisse Art modern geworden, besonders unter Akademikern, Studenten und sogar Theologen, sich gegen Israel zu stellen. Gegen die Juden wagt man heute, wegen des Holocaust, nicht mehr so offen zu sprechen. Dafür schimpft man lieber auf die Israelis, weil sie mit ihren großen Panzern gegen die armen Palästinenser kämpfen, die sich nur mit Steinen wehren können. So hat Israel dank der Medien das Image eines Goliat bekommen – im Gegensatz zum kleinen David, dem Palästinenser, der ja nur einen Stein hat. Auf diese Weise wird Israel als der Böse dargestellt, und die Palästinenser als die Guten. So hat Israel von vornherein den Kampf im Medienkrieg verloren.

Auch wenn ein Reporter versucht, über ein Geschehen objektiv zu berichten, kommen immer die Angegriffenen schlechter dabei weg. Wenn der ältere Bruder ständig von seinem viel kleineren Bruder mit Steinen beworfen wird und ihm am Schluss eine Ohrfeige gibt, schreit der Kleine bis die Eltern kommen. Wer wird ausgeschimpft? Meistens der große Bruder.

Wenn in Israel ein Terroranschlag geschieht, dann werden zusammen mit den Krankenwagen und Sicherheitskräften auch die Journalisten gerufen. Sie gelangen meistens alle zur gleichen Zeit zum Ort des Anschlags. Jeder hat seine Aufgabe. Die Krankenwagen bringen die verletzten Israelis ins Krankenhaus, die Armee jagt den Attentätern nach und die Journalisten berichten und zeigen, was ihre Kameras gefilmt haben.

Am Abend sieht man dann in den Abendnachrichten, wie brutal die israelischen Soldaten die armen „Davids" festgenommen haben. Dabei wird nur ganz nebenbei erwähnt, warum die Soldaten die Palästinenser festgenommen haben. Oft wird dies sogar ganz weggelassen, weil es auch nicht gefilmt wurde, denn die Presseleute wurden ja erst nach dem Anschlag angerufen. Somit konnten sie auch nur die Reaktion der Israelis, nicht aber die Aktion der Terroristen filmen.

Man kann den Medien nicht vorwerfen, dass sie gelogen haben, denn was sie berichtet haben, stimmt und ist auch geschehen. Doch durch das Verschweigen der gesamten Wahrheit entsteht eine noch größere Lüge.

Als sich zwei Terroristen hinter einem Busch auf einer Straßeninsel versteckten und eine Handgranate in einen israelischen Linienbus warfen, verbrannte eine Mutter mit ihrer kleinen Tochter. Ein schrecklicher Anblick, die beiden verkohlten Leichen auf der Bank des Busses zu sehen. Ganz Israel trauerte um diese Familie. Am folgenden Tag kamen israelische Militärbulldozer und rissen die Büsche auf dieser Verkehrsinsel heraus, damit sich nicht wieder ein Terrorist dahinter verstecken konnte.

Unglaublich aber wahr: In den Abendnachrichten zeigte man die Militärfahrzeuge, wie sie den „armen Palästinensern die Natur zerstören", so klang der Bericht des Reporters. Daneben standen palästinensische Mütter und weinten um die beiden Büsche.

Kein einziges Wort über die verbrannte israelische Mutter und ihre Tochter, die durch den palästinensischen Terroranschlag lebendig verbrannten.

Kinder führten mich zu Jesus

Ich war 15 Jahre alt, als ich zum ersten Mal von Jesus hörte. Ein Schulfreund und Sohn eines Gemeindeleiters erzählte mir zum ersten Mal über die Existenz der Messianischen Gemeinden. Ich hatte vorher noch nie gehört, dass es Juden gibt, die an das Neue Testament glauben.

„Ich" ist jetzt nicht Doron, sondern Ziona, Dorons Frau!

Meine Familie lebt schon seit fünf Generationen in Jerusalem. Einer meiner Urgroßväter war Kutscher und brachte Anfang des 19. Jahrhunderts auf dem Seeweg angereiste Pilger von Jaffo nach Jerusalem. Das waren damals noch abenteuerliche Strecken. Alle meine Vorfahren waren gottesfürchtige religiöse Juden – bis auf meine Eltern. Sie waren liberal, aber weiterhin jüdisch traditionell geprägt. So hat mich die neue Erkenntnis, dass es Juden gibt, die an Jesus glauben, zwar schockiert, aber ich dachte: Jeder kann doch glauben, was er will.

Dann kam das Laubhüttenfest. Aus Neugier nahm ich die Einladung meines Schulfreundes an, gemeinsam mit seiner Gemeinde das Laubhüttenfest zu feiern. An diesem Abend lernte ich noch mehr Juden kennen, die an Jeschua glauben. Später kam ich auch mal mit in ihren Samstags- bzw. Schabbatgottesdienst. Öfters sangen uns die Kinder der Gemeinde Lieder vor. Die Kinder haben mich sofort beeindruckt. Sie hatten eine

Ausstrahlung, die andere Kinder nicht hatten. Dabei hatten wir einen privaten Kindergarten zu Hause, wo ich die Möglichkeit hatte viele Kinder zu treffen. Doch keines von ihnen strahlte so wie die Kinder in dieser Gemeinde. „Meine Kinder sollen auch einmal so strahlen", beschloss ich leise in meinen Gedanken.

Nach dem Gottesdienst fragten sie mich Dinge aus der Bibel, die ich nicht beantworten konnte. Biblische Kindergeschichten wie über Daniel und Jona. Zu Hause hat man mir nie Geschichten aus der Bibel erzählt. Ich schämte mich meines Unwissens ihnen gegenüber. Sogar vierjährige Kinder wussten mehr als ich. So entschloss ich mich, von da an in der Bibel zu lesen. Die Gemeinde kaufte mir eine Bibel, natürlich eine mit dem Neuen Testament.

Ich verriegelte meine Zimmertür, las jeden Abend einige Kapitel in der Bibel und versteckte sie danach unter meinem Bett. Nicht weil es verboten war, bei uns die Bibel zu lesen, sondern weil ich befürchtete, sie würden denken, ich sei verrückt geworden.

Nachdem ich das Alte Testament, das wir Tenach nennen, durchgelesen hatte, kam ich zum Neuen Testament. Es kam mir gar nicht so fremd vor, denn es klang eigentlich sehr jüdisch. Ich fand im ersten Kapitel des Matthäusevangeliums so viele jüdische Namen. Da wurde mir sehr schnell klar, dass der Glaube an Jeschua auch für die Juden ist. Was ich da las, ergab Sinn und erklärte mir vieles über das Alte Testament. Immer wenn ich Verse nicht verstand, bat ich Gott, mir Weisheit zu geben, sie zu verstehen. Damit wollte ich auch Gott auf die Probe stellen, um zu erfahren ob es ihn überhaupt gibt, wenn er mir die Verse erleuchtet. Er ließ mich nie lange herumrätseln, um auf die Bedeutung des jeweiligen Verses zu kommen.

Meine Eltern befanden sich zu dieser Zeit im Scheidungsprozess, was zu Hause eine sehr schlechte Stimmung verbreitete. Ich musste zusehen, wie unsere einst glückliche Familie langsam, aber sicher verkümmerte. Es wurde nur noch geschimpft und gestöhnt. Daher suchte ich jede Gelegenheit, nicht zu Hause zu sein und besuchte deshalb öfters meinen gläubigen Schulfreund. Dort fühlte ich mich immer wohl. In seiner Familie hat einer den anderen respektiert und ich spürte Liebe und Frieden.

Mit einem Mal war es mir klar, dass dieser Glaube an Jeschua die Wahrheit ist. Und so übergab ich mein Leben Jesus.

Der Teufel versuchte durch die Scheidung meine Familie zu zerstören, aber Gott benutzte dies, um mich zu retten. Er verwandelte das Böse zum Guten, mein übles Schicksal in Freude.

Heute bin ich glücklich mit Doron verheiratet und wir haben drei prächtige Kinder: Pniel, Hodaja und Oz.

Flüchtlingslager als Druckmittel

Wie ist es möglich, dass bei so viel Armut und Leid in den palästinensischen Flüchtlingslagern in Israel, noch nie ein Palästinenser verhungert ist?

Bilder von Blechhütten, zerrissene schmutzige Kleider und Berichte von Palästinensern, die ihre letzten Socken verkaufen, um zu überleben, werden ständig in den Medien ausgestrahlt. Die großen Schlangen an den Übergängen zur israelischen Seite, wo Hunderte Palästinenser täglich lange warten müssen, um in Israel zur Arbeit gehen zu können, bereiten Israel keinen guten Ruf. Im Gegenteil, damit wird Israel die Schuld in die Schuhe geschoben, dass diese Flüchtlinge so arm sind.

Solange es Flüchtlingslager geben wird, wird es keinen Frieden zwischen Israel und den arabischen Nationen im Nahen Osten geben. Warum?

Die Flüchtlinge werden absichtlich als politisches Druckmittel von ihren arabischen Brüdern arm gehalten. Die palästinensischen Flüchtlingslager in Israel sind der Klebstoff, der die ganze arabische Welt zusammenhält. So darf jedes arabische Land Israel angreifen, wann immer es will, um ihnen zur Hilfe zu kommen. Wenn sie gefragt werden, mit welcher Berechtigung sie Israel angreifen, dann weisen sie auf ihre armen palästinensischen Brüder in den Flüchtlingslagern hin. „Wir taten es, um sie von den israelischen Besatzern zu befreien." Deswegen werden die Terroristen auch Freiheitskämpfer genannt.

Im Jahr 1951 beschloss die UNO, alle palästinensischen Flüchtlinge als Flüchtlinge anzuerkennen. Seitdem kümmert sich die UNWRA bis heute um die Palästinenser. Sie werden von der UNO komplett versorgt: Lebensmittel, Ausbildung, Gesundheit (Krankenkasse) und auch Lebensversicherungen. In Saudi Arabien nennt man sie deswegen sogar „Yahudi" (Juden), weil sie ausgebildet sind. Wenn man so gut versorgt wird, dass man es nicht nötig hat, zu arbeiten, dürfen wir uns nicht wundern, dass sie ihren Flüchtlingsstatus nicht so schnell aufgeben wollen. So bot Jordanien ihnen die jordanische Staatsbürgerschaft an, worauf nur eine kleine Gruppe der Palästinenser sich gemeldet hat, weil sie damit automatisch den UN-Flüchtlingsstatus verloren hätten.

Neben jedem Flüchtlingslager liegt ein arabisches Dorf, in dem sie ihre Kinder zur Schule schicken und ihr ganzes Leben verbringen. Um den Flüchtlingsstatus zu behalten, schlafen und wohnen sie weiterhin in den Lagern. Auch wenn sie alle bereit wären, ihren Flüchtlingsstatus aufzugeben, würden die arabischen Nachbarländer dies nicht zulassen.

Viele Jahre bevor Israel aus dem Gazastreifen abzog, bot Israel den Ägyptern den gesamten Gazastreifen an. Das lehnten die Ägypter entschieden ab. Aber auf den nur 700 Meter kleinen Sandstreifen Taba, südlich von Eilat, wollten die Ägypter auf keinen Fall verzichten. Im Gazastreifen hätten sie sich dagegen um die Integrierung der palästinensischen Flüchtlinge kümmern müssen und somit ein Teil des politischen Druckmittels gegen Israel verloren.

Aus demselben Grund hat Arafat von der Arabischen Liga verboten bekommen (im Jahr 2000), die von Israel angebotenen 97 % aller besetzten Gebiete anzunehmen. Es war ein Rätsel für viele, aber nicht für die Araber. Dann hätte Arafat nämlich nicht nur Israel als einen Jüdischen Staat offiziell anerkannt, sondern auch für die Integrierung der Flüchtlinge sorgen müssen, womit sie ihren Flüchtlingsstatus verloren hätten. So wäre das politische Druckmittel gegen Israel weggenommen worden.

Europa hat schon öfter versucht, mit Geldern und Investitionen das Flüchtlingsproblem zu lösen. Mit dem Aufbau von Häfen und Industrien im Gazastreifen und in der Westbank. Diese Versuche sind alle politisch gescheitert.

Die ägyptische Seeblockade der Straße von Tiran und die massive Mobilisierung der fünf arabischen Armeen im Jahr 1967 lösten den Sechstagekrieg aus. Israel wurde zuvor ständig von der Westbank aus mit Terroranschlägen angegriffen und mürbe gemacht. So hat Israel mit Gottes Hilfe in nur sechs Tagen die von Jordanien besetzte Westbank Judäa und Samaria und Jerusalem erobert.

Weil im Jahr 1988 der jordanische König Hussein auf die komplette Westbank zugunsten der Palästinenser verzichtete, überließ er Jasir Arafat und den Palästinensern damit den Kampf über dieses Gebiet.

Das führte dazu, dass sich Israel heute, zum ersten Mal nach 50 Jahren, in direkten Verhandlungen mit den Palästinensern befindet. Vorher verhandelte Israel mit Arafat z. B. nur über den ägyptischen Präsidenten Abdul Nasser.

Weil Ägypten den im Sechstagekrieg eroberten Gazastreifen nicht zurückbekommen wollte und Jordanien auf die ganze Westbank verzichtete, blieb das Problem an Israel hängen. Die von Arafat gegründete Terrororganisation PLO (Palästinensische Befreiungsorganisation) machte es sich zum Ziel, die Westbank zu bekommen, um dort einen Palästinenserstaat zu gründen. Erst versuchten sie es nur durch Terror, danach durch Terror und Politik.

Das kommt den arabischen Nachbarstaaten ganz gelegen, weil sie den arabischen Staat innerhalb Israels als strategisches „Sprungbrett" beim nächsten Krieg gegen Israel benutzen wollen. Nach den vielen Kriegen gegen Israel, stellten sie fest, dass es nicht so einfach ist, die Juden „ins Meer zu treiben". So werden sie beim nächsten Kriegsversuch, Israel nicht nur von den äußeren Grenzen angreifen, sondern auch von „ihrem" Staat innerhalb Israels. Nur 14 km liegen zwischen der westlichen Grenze der Westbank und dem Mittelmeer. Israels Norden wäre damit schnell vom Süden Israels getrennt.

Diese Gefahr hätte Israel erspart bleiben können, wenn die Besiedlungsvision und Politik nach israelischem Plan verlaufen wäre. Wenn heute 1–2 Millionen Juden in der sogenannten Westbank wohnen würden, dann wäre ein palästinensischer Staat überhaupt nicht im

Gespräch. Die ersten, die dort siedelten, waren fundamentalistische nationalreligiöse Juden. Weil diese keine säkularen Israelis in ihren Siedlungen duldeten, war für die säkularen Israelis dieses Gebiet zum Siedeln unattraktiv geworden. Deshalb wohnen in der Westbank heute nur 200000 Juden. Wenn 8000 Juden in einer Woche aus dem Gazastreifen vertrieben werden konnten, dann ist das auch mit den restlichen möglich.

Mit dem Schofarhorn ins Königreich

Die Wiederkunft von Jesus wird von einem Engel mit einem Schofarhorn angekündigt werden: „Denn der Herr selbst wird mit einem lauten Befehl, unter dem Ruf des Erzengels und dem Schall der Posaune Gottes vom Himmel herabkommen. Dann werden zuerst alle Gläubigen, die schon gestorben sind, aus ihren Gräbern auferstehen" (1. Thessalonicher 4,16).

In der deutschen Bibelübersetzung steht im Gegensatz zur hebräischen Übersetzung nicht Schofar, sondern Posaune.

Jetzt mag man sich fragen, was das für ein Unterschied ist. Als Abraham seinen Sohn Isaak opfern sollte und auch dazu bereit war, musste es auch ein Widderhorn (Schofar) sein und keine Posaune. Eine Posaune hätte ihm das rettende Opfer nicht gebracht, denn der Widder (Schafbock) verhedderte sich mit seinem Horn (Schofar) in der Hecke und brachte damit Isaak die Rettung.

„Da fragte Isaak: ‚Vater?'. ‚Ja, mein Sohn', antwortete Abraham. ‚Wir haben Holz und Feuer', sagte der Junge, ‚aber wo ist das Lamm für das Opfer?' ‚Gott wird für ein Lamm sorgen, mein Sohn', antwortete Abraham. So gingen sie zusammen weiter. Schließlich kamen sie an die Stelle, die Gott Abraham genannt hatte. Dort baute Abraham einen Altar und schichtete das Holz darauf. Dann fesselte er seinen Sohn Isaak und legte ihn auf den Altar, oben auf das Holz. Abraham nahm das Messer, um seinen Sohn als Opfer für den Herrn zu töten. In diesem Augenblick rief der Engel des Herrn ihn vom Himmel: ‚Abraham! Abraham!' ‚Ja', antwortete er. ‚Ich höre.' ‚Lass es sein', sagte der Engel. ‚Tu dem Kind nichts. Denn jetzt weiß ich, dass du Ehrfurcht vor Gott hast. Du hättest sogar deinen einzigen Sohn auf meinen Befehl hin geopfert.' Da sah Abraham auf und entdeckte einen Schafbock, der sich mit den Hörnern in einem Busch verfangen hatte. Er holte den Schafbock und opferte ihn anstelle seines Sohnes als Brandopfer" (1. Mose 22,7-13).

So wurde das Widderhorn, auf Hebräisch Schofarhorn zum Symbol der Erlösung.

So wie einmal das Wiederkommen Jesu von einem Engel angekündigt wird, wurde auch das eigentliche Opfer durch den Widder von einem Engel angekündigt.

Tausende Jahre feiern die Juden ein Fest, mit dem sie nicht viel anfangen konnten und deshalb ummodellierten in Rosch Haschanah – Neujahrsfest. Das in 3. Mose 23,25 erwähnte Fest des Schofarblasens hat wiederum für die, die auf die Wiederkunft von Jesus warten eine wichtige Bedeutung. Dieses Fest sollte auch den siebten Monat ankündigen, damit man sich auf den Tag der Versöhnung (Jom Kippur) vorbereitet, der nur zehn Tage später ist. An diesem Tag wurden Opfer dargebracht und das Schofarhorn geblasen. Die Israeliten waren es gewohnt, bei jedem Monatsbeginn das Trompetenblasen zu hören. Aber bei diesem Fest und der Monatsankündigung wurden die Schofarhörner viel lauter und länger geblasen.

So wie die anderen Wallfahrtsfeste: Passah und Schavuot von Jesus schon erfüllt worden sind, wird es auch hier geschehen. Wenn es soweit ist, läuft alles sehr schnell ab. Passah erfüllte sich innerhalb von drei Tagen durch die Kreuzigung von Jesus und seine Auferstehung. Schavuot sogar an einem Tag mit der Ausgießung des Heiligen Geistes.

So wird, wenn der Erzengel einmal das Schofar blasen wird, sofort die Wiederkunft von Jesus geschehen. Ob die Menschheit noch zehn Gnadentage bekommt, um umzukehren, wie es heute im Judentum die zehn Bußtage gibt, vom Fest des Schofarblasens bis Jom Kippur, dem Versöhnungstag? Am Schluss dieses Versöhnungstages wird zum letzten Mal das Schofar geblasen. Damit schließen sich die Pforten des Himmels. Deswegen heißt es auch Ne'ila Schofarblasen, denn danach wird kein Bußgebet mehr von Gott erhört.

Es ist interessant in Israel zu beobachten, wie die Juden noch im letzten Moment in die Synagogen eilen, um ja nicht das letzte Schofarblasen zu verpassen.

„Wenn der Menschensohn wiederkommt, wird es sein wie zur Zeit Noahs" (Matthäus 24,37).

Wem gehören Jerusalem und das Land Israel?

„Israel hat die Bibel als Urkunde, dass König David den Tempelplatz vor 3000 Jahren käuflich erworben hat. Das geschah zu einer Zeit, als der Islam noch nicht einmal geboren war!", sagte Israels ehemaliger Oberrabbiner Lau.

Dreimal am Tag beten die Juden, dass der Herr das Haus Israel und Jerusalem noch in unseren Tagen wieder aufbauen möge, damit Gott wieder in ihrer Mitte wohnen kann.

Bei jedem Passahfest wünschen sich die Juden „Beschana Habaa BeJeruschalajim – Im nächsten Jahr in Jerusalem".

Bei jeder jüdischen Hochzeit wird ein Glas zur Erinnerung an die Tempelzerstörung zertreten und der Psalm 137 gelesen: „Wenn ich dich jemals vergesse, Jerusalem, soll meine rechte Hand gelähmt werden. Meine Zunge soll mir am Gaumen kleben, wenn ich nicht mehr an dich denke, wenn Jerusalem nicht mehr meine höchste Freude ist" (Psalm 137,5-6).

Das zeigt uns, wie wichtig die heilige Stadt Jerusalem für jeden Juden in Israel und der Welt ist.

Juden und Christen wissen: Wenn Jerusalem bzw. der Tempelberg wieder in jüdischen Händen sind, dann ist das Kommen des Messias sehr nahe. Die Juden warten auf das erste Kommen des Messias. Die Christen warten auf sein zweites Kommen. Beide warten aber auf ein und denselben Messias-Christus.

Das weiß aber auch der Teufel, der mit Hilfe des Islams versucht, dieses Geschehen zu verhindern.

Er hat Angst, angesichts der großen Einwanderungswellen der Juden zurück in ihre Heimat. Denn wenn Gott sein Volk von den vier Enden der Welt zurück in Zion versammelt hat, wird sich Jesus wieder zu seinem Volk wenden. Wie es auch Josef in Ägypten tat, erst nachdem auch der letzte seiner Brüder, Benjamin, Alija gemacht hat, d. h. vor ihm stand. Erst dann schickte er alle Fremden aus dem Raum und ließ seine Brüder zu ihm treten und gab sich ihnen zu erkennen (1. Mose 45,4): „Ich bin euer Bruder Josef, den ihr nach Ägypten verkauft habt."

Diese in der Bibel verheißene Rückkehr der Juden können wir in den letzten 60 Jahren der Existenz Israels hautnah beobachten und miterleben.

Die Moslems dagegen, die die Strategie der Volksvermehrung anwenden, um einmal ganz Europa zu islamisieren, stören die vielen Einwanderungswellen der Juden nach Israel. Deshalb tobt der Islam mit den vielen Terroranschlägen. Er versucht ständig, Israel zu vernichten.

„Itbach El Yahud – Schlachtet die Juden! Habt kein Erbarmen mit ihnen! Kämpft gegen sie überall! Tötet sie, wo auch immer ihr sie findet!", rufen Muezzine von ihren Minaretts. Auch in den Moscheen auf dem Tempelplatz, wo einst der jüdische Tempel mit dem Allerheiligsten stand.

Es geht letztendlich um den Nabel der Welt, den Tempelplatz. Der Teufel lässt es nicht zu, dass die Juden irgendeinen Anspruch auf den Tempelplatz bekommen. Wenn Israel dort auch nur einen Stein verändert, rufen die Moslems sofort zum Heiligen Krieg auf und es gibt weltweiten Protest. Als Benjamin Netanjahu einen Tunnel am Rande außerhalb des Tempelplatzes, also nicht direkt unter dem Tempelplatz eröffnete, gab es deswegen viele Terroranschläge in Israel. Nachdem Ariel Scharon den Tempelplatz nur besuchte, brach die El-Akza-Intifada aus. In den vier Jahren darauf führten Moslems fast jeden Tag Terroranschläge in Israel aus. Dabei kamen mehr als 1000 Israelis in Linienbussen, Cafes, Restaurants, Supermärkten und Schulen ums Leben.

Dann wollte Israel den Moslems die Mugrabibrücke, den Zugangsweg zum Tempelplatz renovieren, weil er durch einen schweren Schneefall abgesackt war, was dazu führte, dass sie mit neuen Intifada-Unruhen drohten.

Israels Feind tobt sobald jemand in die Nähe des umstrittenen Tempelplatzes kommt. Bei dem schon hunderte Jahre existierenden israelisch-arabischen Konflikt geht es nicht nur um den Besitz des Landes Israel, sondern besonders um Jerusalem mit seinem Tempelplatz.

Schon im 19. Jahrhundert v. Chr. hat Gott in seiner Urkunde, in der Bibel, Abrahams Sohn Isaak und seinen Nachkommen dieses Land für alle Zeit gegeben. „Schau dich nach allen Seiten um. Dieses ganze Land, das du siehst, werde ich dir und deinen Nachkommen für immer zum Besitz geben" (1. Mose 13,14-15).

Als Abraham diese Verheißung von Gott bekam, stand er auf einen Berg im Zentrum Israels, sogar mitten in der Westbank.

Die moslemische Welt, zusammen mit Hilfe anderer Nationen, ist bestrebt, Israel seines von Gott gegebene Erbes zu berauben. Dabei ignorieren sie die Tatsache, dass Gott bereits das Besitzrecht Israels fest verankert hat.

Der Allmächtige verpflichtete sich, dem jüdischen Volk das „ganze Land Kanaan … für immer zu geben" (1. Mose 17,8).

Es wäre gut, wenn wir uns daran erinnern, dass allein der Herr bestimmt, was richtig oder falsch ist und wem was gehört – nicht menschliche Gefühle oder politische Argumente.

Ich weiß, wann Jesus wiederkommt

Tag und Stunde weiß ich nicht! Aber die Bibel gibt uns einige Hinweise auf gewisse Geschehen, die vor seinem Kommen passieren müssen.

Von meiner Wohnung in Maale Adumim aus habe ich einen wunderschönen Blick auf die östliche Seite des Ölberges – es ist so etwas wie ein prophetischer Ausblick. Der spitze Kirchturm der Himmelfahrtskirche zeigt mir ungefähr den Ort, von dem aus Jesus in der Wolke gen Himmel fuhr. Und von dort soll er auch wieder zurückkehren. Jeder Blick auf diesen Ort weckt die Frage in mir: Bin ich bereit, wenn Jesus heute wiederkommen würde?

Dieser Ausblickswinkel wird uns bei der Wiederkunft von Jesus das Vorrecht geben, eine der ersten zu sein, die ihn sehen werden. Auf unserer Terrasse haben wir noch ein paar Sitzplätze frei, die ich Ihnen für einen „Special Price for you" anbiete. Ach so, stimmt ja, die Bibel sagt doch, dass wir ihn alle zur gleichen Zeit erblicken werden!

Aber mit meinem Blick auf den Ölberg denke ich manchmal daran, dass Jesus dort saß und um sein Volk weinte. Leider gibt es auch heute noch genauso viele und sogar dieselben Gründe, um über Israel zu weinen.

Auf diesem berühmten Ölberg gab Jesus uns einen Hinweis auf die Zeit, wann er wiederkommen wird: „Denn ich sage euch, ihr werdet mich nicht wieder sehen, ehe ihr nicht sagt: ‚Gelobt sei, der da kommt im Namen des Herrn.'" (Matthäus 23,39).

Ich kann mir keinen Juden vorstellen, der diesen Spruch heute sagen wird, um damit Jesus willkommen zu heißen, es sei denn, er glaubt an Jesus. Das heißt, dass Israel zuerst erlöst sein muss, um Jesus durch seinen „Willkommensruf" herbeizurufen. Ehe die Juden Jesus nicht „Baruch haba beschem Adonai" (Gelobt sei, der da kommt im Namen des Herrn) zurufen werden, wird er nicht wiederkommen. Das sind nicht meine Worte, das hat Jesus selbst, nicht weit weg von meinem Zuhause, gesagt.

„… sprecht: Rette dein Volk, Jahwe, den Überrest Israels!" (Jeremia 31,7; Schlachter). Hiermit ist Ihr persönliches Beten gemeint, wann auch immer Ihre Gebetszeit ist: früh morgens oder spät in der Nacht. Gott möchte, dass wir die Erlösung Israels herbeibeten. Er hat zwar Israels Erlösung verheißen. Deshalb wird sie auch geschehen, unsere Aufgabe ist es aber, dafür zu beten.

Hier sind ein paar Beispiele zur Nachahmung, wie auch König David für die Erlösung Israels betete und dieses Anliegen immer mit in seine Gebete eingeflochten hat:

„O Gott, erlöse Israel aus aller seiner Not!" (Psalm 25,22).

„Israel, hoffe auf den Herrn! Denn der Herr ist gnädig und sein Erbarmen ist groß" (Psalm 130,7).

„Er selbst wird Israel befreien von allen seinen Sünden" (Psalm 130,8).

Die vergessenen Flüchtlinge

Nur ein paar Stunden hatten die Israelis Zeit, um sich am 15. Mai 1948 über ihren gerade gegründeten Staat zu freuen. Dann wurden sie ringsum von sieben arabischen Ländern angegriffen. Als es danach dennoch einen offiziellen jüdischen Staat gab, konnten die moslemischen Staaten nicht mehr ruhig von der Seite zuschauen.

Die Palästinenser hätten eigentlich genauso wie die Juden ihren eigenen Staat gründen können. Denn im Jahr 1947 hat die UNO mit ihrem Teilungsplan 181 das damals noch Palästina genannte Land aufgeteilt. So bekamen die Juden das kleinere Teil und die Araber den größeren Teil. Beide hatten die Möglichkeit in ihrem Gebiet einen selbstständigen Staat zu gründen. Doch nur die Juden haben diese Gelegenheit genutzt.

Die Araber haben stattdessen alle Nachbarstaaten alarmiert, um Israel zu vernichten. Ein palästinensischer Staat war unter ihnen damals noch kein Begriff und wurde in keinem politischen Gespräch erwähnt, weil das nicht ihr Wunsch war. Erst viele Jahre später, als Jasir Arafat 1964 die PLO gründete, tauchte dieser Begriff zum ersten Mal auf. Arafat schuf aus den verschiedenen Arabern, die in Israel lebten, die Idee, daraus ein Volk zu machen. Das gelang ihm aber nur, weil sie ein und denselben Feind – Israel – hatten. Also nicht, weil sie schon immer ein Volk gewesen waren. Denn jedes Volk hat eine Geschichte und eine Kultur. Ich habe in noch keinem Geschichtsbuch über die Geschichte weder Kultur eines palästinensischen Volkes etwas gefunden.

Vor der Staatsgründung Israels 1948 war jeder der in Palästina lebte ein Palästinenser – ob Araber oder Jude. Sogar Israels erster Ministerpräsident war ein Palästinenser, das beweist sein Pass. Die Briten nannten ihr Mandatsgebiet „Palästina", so wie es im Jahre 135 n. Chr. erstmals der römische Kaiser Hadrian genannt hat. Daher ist es eine Geschichtsfälschung, wenn man im Anhang (!) vieler Bibelausgaben über den Landkarten liest „Palästina zur Zeit des Alten Testamentes" und „Palästina zur Zeit des Neuen Testamentes" – zu beiden Zeiten gab es kein Palästina in den Grenzen Israels.

Nur einige Stunden nach der Staatsgründung Israels durch David Ben-Gurion, heulten die Sirenen im ganzen Land, denn Israel wurde angegriffen. Flugblätter wurden von den arabischen Flugzeugen über die arabischen Dörfer abgeworfen, worauf stand: „Verlasst eure Häuser und Dörfer nur für 14 Tage, denn unsere Bomben können nicht zwischen Juden und Araber unterscheiden." So verließen die Araber ihre Dörfer in der Hoffnung, dass die Juden in 14 Tagen alle „ins Meer getrieben" sind. Gott ließ es aber anders kommen und gab Israel den Sieg. Jetzt waren die meisten Araber nach Jordanien geflohen und wagten sich nicht mehr zurück. So entstand das Flüchtlingsproblem, ohne dass sie auf ihrer Flucht auch nur einen Israeli trafen. Sie flohen aufgrund des Flugblattes von ihren eigenen Brüdern, d. h., dass ihre eigenen arabischen Brüder sie zu Flüchtlingen machten.

Wie viele arabische Flüchtlinge es damals waren?

Nach der britischen Untersuchung über Palästina *(British Survey of Palestine)* lebten 1948 nur 561 000 Araber in Israel. Etwa 140 000 von ihnen blieben in Israel. Demnach kann die Zahl der Flüchtlinge nicht mehr als 420 000 betragen.

Heute ist die Rückkehr der Flüchtlinge einer der Hauptgründe, weshalb der Friedensprozess mit den Palästinensern nicht vorwärts geht. Die Zahl der 420 000 Flüchtlinge ist inzwischen auf 2,5 Millionen gestiegen.

Wer hat schon etwas von den 850 000 jüdischen Flüchtlingen gehört? So verpassten die heute als Volk betrachteten Palästinenser 1948 die Möglichkeit, ihren eigenen Staat zu gründen, und versuchen, es heute nachzuholen. Bis 1967 hatten sie jede Freiheit dazu, woran sie keiner gehindert hätte – auch Israel nicht. Sie bevorzugten aber die Vernichtung Israels.

Das beweist, dass Juden ruhig fliehen und leiden können, was von der Weltöffentlichkeit ignoriert wird oder sehr schnell in Vergessenheit gerät.

Welche Medien berichteten, dass während des massiven Katjusha-Beschusses durch die libanesischen Hisbollahs bis zu einer Million Israelis aus dem Norden des Landes in den Süden flohen, um ihr Leben in Sicherheit zu bringen? Auch in diesem Fall wurden die jüdischen Flüchtlinge von den Medien „übersehen". Es wurde nur von den libanesischen Flüchtlingen berichtet.

Sofort nachdem es den jüdischen Staat gab, mussten 850 000 Juden – doppelt so viel wie die Palästinenser, die bis dahin in den arabischen Ländern lebten – fliehen. Sie durften nichts mitnehmen, wurden als Verräter verfolgt und aus ihrer bisherigen Heimat, in der sie Jahrhunderte gelebt hatten, hinausgejagt.

So verursachte der Angriff der arabischen Nationen im Jahr 1948 zwei parallele Flüchtlingsprobleme. Aufgrund der Nachrichten, selbst der westlichen Medien, erfuhr die Welt nur von den arabischen Flüchtlingen. Flüchtlinge gab es auf beiden Seiten, aber Gerechtigkeit wird nur für die Araber gefordert.

Wenn die Welt immer wieder die unveräußerlichen Rechte der arabischen Flüchtlinge fordert, die 1948 Israel – aus eigenem Entschluss – verließen, sollten wir auch die doppelt so große Zahl jüdischer Flüchtlinge sehen, die bis 1973 aus arabischen Ländern kamen und die die Welt unter den Tisch fallen lässt. Keiner von ihnen hat dafür auch nur einen einzigen Cent Entschädigung bekommen.

Kommt es dem Leser der westlichen Medien nicht seltsam vor, dass ein winzig kleines Land wie Israel, mit einer Bevölkerungszahl von 640 000 im Jahr 1948 und einer erdrückenden Last im Bereich der Verteidigungsaufgaben, erfolgreich 850 000 Flüchtlinge aufnehmen konnte? Die im Vergleich zu Israel 613-fach größere arabische Welt sowie unbeschreibbar reicheren arabischen Länder haben jedoch noch nicht einmal eine Handvoll arabischer Flüchtlinge aufgenommen.

Warum soll ich Israel lieben?

„‚Tröstet, ja, tröstet mein Volk‘, spricht euer Gott" (Jesaja 40,1). Dieser Aufruf gilt ganz besonders den gläubigen Christen. An die Juden kann er nicht gerichtet sein, denn sie können sich nicht selbst trösten. An die Ungläubigen in der Welt auch nicht, denn sie lesen die Bibel nicht. Also ruft Gott die bibeltreuen Christen auf, sein jüdisches Volk zu trösten. Warum? Warum ist es Gott so wichtig, dass ausgerechnet die Juden von den Christen getröstet werden?

Die Juden mussten in den letzten zweitausend Jahren, die auch die Zeit der Kirchengeschichte ist, vorwiegend unter den Christen leiden. Die Juden haben keine Liebe seitens der Christen erfahren. Einem heutigen Juden kann man schwer klarmachen, dass der Jesus, in dessen Namen sie von den Christen verfolgt und millionenfach umgebracht wurden, sie zur gleichen Zeit auch liebte. Das wird kein Jude glauben. Ich hatte in Israel in der Schule auch Unterricht über die Geschichte der Christen. Da stand nichts Positives in den Büchern. Die Kreuzzüge von Europa bis nach Jerusalem; die spanische Inquisition und der Holocaust waren nur die herausragenden Highlights. Von unseren Großeltern hören wir Berichte über den Holocaust, was ihnen wiederum von sogenannten Christen angetan wurde, die sechs Millionen ihrer Geschwister umbrachten – unter ihnen eineinhalb Millionen Kinder, die sterben mussten, nur weil ihre Eltern Juden waren.

Genau aus diesem Grund möchte Gott nun, dass Christen den Juden Liebe erweisen, damit sie erfahren, dass ein Christ sie überhaupt lieb haben kann, dass so etwas praktisch möglich ist. Nur so werden sie es eventuell für möglich halten, dass auch Jesus sie lieb hat und für sie gestorben ist.

Es ist von größter Wichtigkeit, dass sie die Liebe von Christen, die Jesu Geboten folgen sollten, erleben und nicht nur Leid. Sonst werden sie, wenn Jesus laut Sacharja 12,10 eines Tages auf dem Ölberg stehen wird, ihn noch für die vielen Verfolgungen beschuldigen, anstatt ihn anzuerkennen. Das NT ist noch ein „verbotenes" Buch für die Juden, deshalb wissen sie kaum, was darin steht. Sie nehmen an, dass Jesus die Verfolgungen gebietet. Solange sie es nicht für möglich halten, kann man ihnen unendlich viele evangelistische Traktate verteilen – sie werden alle im Mülleimer landen. Erst wenn sie wenigstens einmal wahre Liebe von Christen spüren, dann werden sie bei der nächsten Gelegenheit auch einmal ein Neues Testament aufschlagen und es wagen, darin zu lesen. Oder aufgrund einer Einladung mit in eine messianische Gemeinde kommen.

Das macht den Auftrag der *Internationalen Christlichen Botschaft* gerade in der heutigen Zeit so notwendig. Ihr Auftrag von Gott ist, dem jüdischen Volk diese Liebesbotschaft zu vermitteln. Ihr Leitvers lautet: „‚Tröstet, ja, tröstet mein Volk', spricht euer Gott" (Jesaja 40,1).

 Gott gab dieses Gebot ohne irgendeine Bedingung. Bitte warten Sie nicht, bis alle Juden an Jesus glauben oder messianische Juden geworden sind. Dann brauchen sie keinen Trost mehr. Jetzt braucht Israel Trost, insbesondere den Trost und die Liebe der Christen. Um jemanden trösten zu können, setzt voraus, dass man ihn liebt. Es ist schwierig, jemanden zu trösten, den man nicht liebt.

Wenn die Juden diese Liebe von Christen erlebt haben und dann im Neuen Testament lesen, fangen sie meisten ganz vorne bei Matthäus 1 an. Für viele scheint dieses Kapitel mit dem Namensregister langweilig und so überspringen sie es bis zum nächsten Kapitel. Für die Juden ist das überhaupt kein langweiliges Kapitel, denn sie finden darin all ihre jüdischen Namen wieder. Sie stellen fest, wie jüdisch dieses Neue Testament eigentlich ist. Sie bekommen eine ganz andere Vorstellung von diesem christlichen Buch.

Einmal kam ein orthodoxer Jude zu mir in mein Geschäft, welches ich im Jüdischen Viertel der Jerusalemer Altstadt verwaltete und bat mich um meine E-Mail-Adresse, die ich ihm auch gab. Während ich ihm *doron.schneider@gmail.com* buchstabierte, fragte ich ihn wozu er sie brauchen würde. Wir kamen ins Gespräch und dann erzählte ich ihm von Jesus. Ich las ihm einige Bibelstellen vor. Dann klingelte unvermittelt das Telefon. Ich drückte ihm die hebräische Bibel in die Hand, wandte mich zum Telefon und sagte: „Hier, fang mal an zu lesen in Matthäus 1!" Während ich telefonierte, beobachtete ich, wie dieser orthodoxe junge Mann mit dem obligatorischen nach vorne und hinten Schwenken seines Oberkörpers, was man nur beim Beten und Lesen heiliger Schriften tut, im Neuen Testament las. Ein prophetischer Anblick.

Die Verfremdung und keine Wiedererkennung des Rabbiners Jesus hat denselben Grund, weshalb Josefs Brüder ihn nicht wiedererkannten. Die Ägypter machten aus Josef so sehr einen Ägypter, dass seine eigenen leiblichen Brüder ihn nicht mehr erkennen konnten. Obwohl sie oft zu ihm kamen und sogar mit ihm gemeinsam am Tisch aßen, war er für sie ein Ägypter. So ägyptisch schien er ihnen. Genau so heidenchristlich wurde Jesus von den Heidenchristen gemacht, so dass seine jüdischen Brüder ihn heute nicht mehr wiedererkennen können und daher staunen, wenn sie im Neuen Testament lesen, dass Jesus Jude war und jüdisch lebte.

Nicht zufällig steht zwei Verse nach Gottes Aufruf die Juden zu trösten (Jesaja 40,3): „Baut dem Herrn eine Straße durch die Wüste. Ebnet unserem Gott einen Weg durch die Steppe." Mit jedem christlichem Liebeswerk wird ein weiterer Stein aus dem Weg geräumt und dadurch unserem Herrn der Weg geebnet, zurück zu seinem Volk zu kommen.

Die 2000 Jahre hohe Mauer, welche die Juden von den Christen trennt, muss abgebaut werden. Das kann nur durch Liebe geschehen.

Militär – manchmal hart, manchmal lustig

In den letzten 20 Jahren bekomme ich – wie jeder Israeli – jährlich einen braunen Brief von der Armee, der mir den Tag ankündigt, an dem ich mich in der Basis meiner Militäreinheit in Uniform melden muss.

Die vier Wochen Reservedienst sind in zwei verschiedene Dienste geteilt. Manöverübungen und Vorbereitungen für den nächsten Krieg. Das nächste Mal werden wir an die Front des Terrors geschickt, wo wir zusammen mit jungen dienenden Soldaten verdächtige Terroristen in Jenin oder Gaza festnehmen müssen.

Ich diente meine ersten drei Jahre in der Marine auf einem Raketenschiff. Seit einigen Jahren wurden wir alle umgeschult und gehören jetzt zu der ABC-Einheit (Atomare, Biologische und Chemische Abwehr), die es seit dem ersten Golfkrieg in Israel gibt. Bei einem biologischen Angriff auf Israel ist es unsere Aufgabe, zuerst den Ort der Rakete ausfindig zu machen. Danach ist es meine Aufgabe, mit Hilfe von chemischen Mitteln durch Testproben herauszufinden, um welch ein biologisches Gas es sich handelt. Dann wissen wir, wie weit sich das Giftgas in der Bevölkerung verbreitet, was wir dann abgrenzen und absperren müssen. Keiner darf in dieses Gebiet rein und raus.

Dazu gibt es spezielle dichte Anzüge mit Gasmasken, unter denen es im Sommer unerträglich heiß wird. Israel nimmt die biologische und atomare Kriegsdrohung sehr ernst und bereitet sich darauf gut vor. In einem klassischen Krieg kämpfen Soldaten gegen Soldaten. Aber bei einem biologischen Angriff, trifft es ungerechterweise die gesamte Bevölkerung. Unsere Aufgabe ist es, sie zu beschützen.

Bei diesem Manöver haben wir auch manchmal unseren Spaß, wenn wir mit den Militärjeeps durch Jerusalem fahren müssen – mit den speziellen Anzügen und Gasmasken. Dann sitzen wir zu viert in solch einem offenen Jeep und fahren zum simulierten Fallort der Rakete. Die uns beobachtende Bevölkerung gerät manchmal in Panik und meint, der Ernstfall sei eingetreten. Wenn wir auf der Straße gefragt werden, raten wir den Leuten, sofort Deckung zu nehmen und ihre Gasmasken aufzusetzen, die ja heute jeder Israeli zu Hause hat. Manche rennen dann los, bis sie abends in den Nachrichten feststellen, dass dies nur ein ABC-Manöver war. Spaß muss sein!

Der Spaß hört aber dann auf, wenn wir in die palästinensische Autonomiestadt Jenin müssen, um verdächtige Terroristen festzunehmen. Wir bekommen dann gewisse Namen und Adressen, wo wir mit dem Jeep zusammen mit anderen Militärfahrzeugen hinfahren. Dann klopfen wir im besten Fall an die Tür und müssen den Vater oder den Sohn mitnehmen. Manchmal gibt es da auch heftigen Widerstand. Wenn uns die Tür nicht geöffnet wird, finden wir in der Wohnung bewaffnete Terroristen, die nur auf uns warten. (Ich hoffe dass diese Zeilen von meiner Frau nicht gelesen werden.) Bei solchen Aktionen haben wir schon viele Kameraden verloren. So änderten wir die Strategie und schicken den jeweiligen Nachbar zu dem verdächtigten Terroristen. Er sollte ihn dann rauslocken. Das ging auch eine Zeitlang gut so, bis Israels Oberster Gerichtshof uns diese Strategie verbot, weil israelische Menschenrechtler dies anstößig fanden. Es sei für die arabischen Nachbarn lebensgefährlich. Unsere Lebensgefahr wurde dabei jedoch nicht beachtet.

Dann wurden die schusssicheren Bulldozer entwickelt, die eine unwahrscheinliche Kraft haben, so dass man mit ihnen über Autos und durch Mauern fahren kann, was wir natürlich nicht taten. Wenn die Tür aber nicht sofort geöffnet wurde, brauchte dieser Bulldozer nur leicht an die Hauswand zu stoßen und sofort kamen die verdächtigen Terroristen mit erhobenen Händen heraus.

Die meisten festgenommenen Palästinenser werden nach ein paar Tagen wieder zurückgeschickt, wenn sich herausstellt, dass sie unschuldig sind. Manche von ihnen bitten sogar darum, festgenommen zu werden, damit die Nachbarn sie nicht als Kollaborateure verdächtigen.

So baut sich der Geheimdienst ein Puzzle aus den Informationen zusammen, bis sie die eigentlichen Selbstmordterroristen finden. Nur so konnten viele Terroranschläge verhindert werden, denn es gibt täglich 30–60 Warnungen vor Anschlägen. Das bedeutet, dass sich jeden Tag durchschnittlich 45 Terroristen gerade einen Sprengstoffgürtel umbinden oder eine Bombe basteln.

Im Gegensatz zu den Medienberichten behandeln wir israelischen Soldaten die festgenommenen Palästinenser mit großem Respekt. Solange sie in unserer Militärbasis sind, bekommen sie genug und gutes Essen. Wir verbinden ihnen zwar die Augen, was uns von den Medien sehr übel genommen wird. Das tun wir aber für ihre eigene Sicherheit, damit sie sich nicht untereinander erkennen und später als Kollaborateure verdächtigen können. In diesem Fall würden sie sonst von ihren eigenen Leuten umgebracht werden, wenn sie wieder zu Hause sind.

Das Schwierige bei solch einer intensiven und gefährlichen Militärzeit ist die Rückkehr nach Hause zu unseren Familien, wo wir keine Einzelheiten erzählen dürfen, aber einen „Switch" (Wechsel) machen müssen und wieder ein ganz normales Leben führen müssen, als ob nichts passiert wäre.

Wie fühlt sich ein Israeli?

Die Juden waren in den letzten 2000 Jahren in der ganzen Welt verstreut. Überall, wo sie hinkamen, wurden sie verfolgt und z. T. vernichtet.

Heute nach der Staatsgründung Israels kehrte schon ungefähr die Hälfte der Juden zurück in ihr Heimatland Eretz Israel. Voller Hoffnung und Glauben, dass sie endlich in Frieden und Ruhe in Eretz Israel leben können. Die vergangenen 60 Jahre in Israel bewiesen ihnen jedoch das Gegenteil. Durchschnittlich gab es alle zehn Jahre einen Existenzkrieg mit den Arabern, die sie unbedingt vernichten wollen. Zwischen den Kriegen gab es so viele Terroranschläge, dass Israel mit großem Abstand den traurigen Weltrekord als Land mit den meisten Anschlägen einnimmt.

Die überwiegend antiisraelischen Medienberichte nahmen den meisten Menschen die Sympathie für Israel. Auch die Europäische Union zeigt sich immer wieder extrem gegen Israel eingestellt. Während ich dieses Kapitel schreibe, bekam ich über mein Handy die Nachrichtenmeldung: „Der EU Sekretär, Javier Solana, versprach dem syrischen Präsidenten Baschar Assad, dass er ihm helfen wird, die Golan-Höhen von Israel zurück zu bekommen".

Die UNIFIL-Soldaten, die nach dem zweiten Libanonkrieg dafür sorgen sollten, dass keine Hisbollah-Terroristen in die Nähe der israelischen Grenze kommen dürfen, sehen tatenlos zu, wie die Hisbollahs sich wieder an die Grenze schleichen, um Israel anzugreifen.

Wie fühlt sich da ein Israeli, wenn er sieht, wie sich alles erneut gegen Israel wendet?

Dazu kommen die steigenden antisemitischen Angriffe auf jüdische Synagogen und Friedhöfe in der ganzen Welt. Sie sind die direkten Ergebnisse der israelfeindlichen Einstellungen in der Welt.

Ich muss zugeben, dass ich, wenn ich heute in europäische Länder reise, nicht mehr so schnell jemand erzähle, dass ich Israeli bin. Zu oft habe ich schon gefährliche Erfahrungen dabei gemacht.

In Dänemark z. B. kam ich im Cafe ins Gespräch mit einem jungen Mann, dessen Haltung sich sichtbar veränderte, als ich ihm mein Herkunftsland Israel nannte. Seine Haltung mir gegenüber wurde aggressiv und er fragte mich als erstes, warum wir Israelis diese Mauer gebaut haben, wodurch die armen Palästinenser leiden würden.

Ich erklärte ihm, dass es sich nur in den Medien um eine Mauer handelt, denn in Wahrheit ist es nur ein Sicherheitszaun. Von dem gesamten Zaun sind nur 5 % Mauer und auch nur dort, wo die Gefahr besteht auf israelische Autos schießen zu können. Der Sicherheitszaun wurde aufgestellt, um den vielen palästinensischen Selbstmordterroristen den leichten Zugang in die jüdischen Städte zu verhindern, was sich im Nachhinein auch als richtig erwiesen hat.

Während des Gesprächs kamen seine Freunde hinzu und die Diskussion wurde immer aggressiver, bis einer von ihnen mich schubste und zurief: „Verlass sofort unser Land!" Ich stand auf und habe das Cafe verlassen – und somit den Jungs auch meine Rechnung für das Mittagessen überlassen. Sie haben mich ja schließlich rausgeschickt.

Wir Israelis haben zwar gelernt, trotz der vielen Terroranschläge und Kriege mit Hoffnung in die Zukunft zu schauen und das Leben weiter zu genießen. Dieses Wissen und Gefühl aber, ständig von der Welt gehasst zu werden, wünschen wir keinem. Wir fühlen uns sehr oft ganz allein gelassen auf dieser Welt.

Als 1980 alle ausländischen Botschaften dem Druck der arabischen Drohungen nachgaben und von Jerusalem nach Tel Aviv zogen, sagte mir ein älterer Polizeikommandeur: „Wieder haben sie uns alleingelassen!"

Wenn sie heute einen säkularen Israeli in Tel Aviv fragen, wie er sich fühlt, zu dem von Gott auserwähltem Volk zu gehören, werden sie eine Antwort von ihm bekommen, die sie nicht erwarten. Er wird ihnen sagen, dass er sich einen Nationalitätentausch wünscht. Was haben die Juden in den letzten 2000 Jahren davon profitiert, auserwählt zu sein?

In den vergangenen 2000 Jahren mussten sie, nur weil sie das auserwählte Volk Gottes sind, nur leiden. Das ist der Grund dafür, dass ein großer Anteil, wenn nicht die Mehrheit der heutigen Israelis, gar nicht mehr zu Gottes Volk gehören möchte.

Sie suchen sich andere Götter, wie Karriere oder reisen in götzenreiche Länder wie Indien und Thailand. 70 % der Soldaten, die ihren 3-jährigen Militärdienst beendet haben, reisen zuerst in Länder, wo es von fremden Göttern nur so wimmelt. Weil sie, auch wenn sie es nicht zugeben, im Innersten nach der Wahrheit suchen.

Hier wird die Aufgabe der Christen deutlich, die Juden zur Eifersucht zu reizen. „Aber hat das Volk Israel sie auch wirklich verstanden? Ja, das haben sie, denn schon bei Mose steht geschrieben: ‚Ich will euch eifersüchtig machen auf ein Volk, das nicht mein Volk ist. Ich will euch zornig machen auf ein Volk, das nichts von mir weiß.'" (Römer 10,19). Ein gutes Vorbild und die Liebe der Christen gegenüber Israel ist das beste Evangelisationsmittel und Reizmittel, welches die Juden zurück zu ihrem Gott führt. Wenn die Tausende Christen, die jährlich zum Laubhüttenfest nach Israel kommen, durch die Straßen Jerusalems ziehen, bleibt kein Israeli unberührt. Einmal sah ich, wie eine ältere Frau, eine Holocaustüberlebende, auf die deutsche Delegation zulief und eine deutsche Christin mit Tränen umarmte. Sie war so angetan und dankbar, festzustellen, dass es Christen gibt – und sogar aus Deutschland –, die sie lieb haben.

Die israelische Gesellschaft lebt heute relativ gottlos. Trotzdem suchen sie irgendwo die Wahrheit und übersehen dabei, dass die Wahrheit für sie so hautnah greifbar ist. Sie brauchen jemand, der sie zur Eifersucht reizt. Jetzt ist die Zeit reif dazu!

Nachwort

Dieses Nachwort schrieb ich im EL AL Flugzeug auf dem Weg zu meiner nächsten Vortragstournee.

Israels beide Oberrabbiner saßen mit mir im Flugzeug. Der aschkenasische Oberrabbiner Jona Metzger saß direkt vor mir und der sefardische Oberrabbiner Schlomo Amar saß direkt hinter mir – und neben mir saß ein israelische Sicherheitsmann, mit dem ich mich über Israels Zukunft unterhielt.

Ich kam mir sehr abgesichert vor: Vor und hinter mir die beiden höchsten Rabbiner Israels, der bewaffnete Sicherheitsmann neben mir und ich als ein an Jesus gläubiger Jude dazwischen. Noch sicherer konnte es gar nicht mehr werden.

Doch ich weiß, dass Gott uns von allen Seiten umgibt. Deshalb frage ich mich: Wozu braucht man da noch die vielen EL AL-Sicherheitsmaßnahmen?

Denn ihr werdet erkennen, dass ich mitten unter meinem Volk Israel wohne und dass ich allein der Herr, euer Gott, bin. Nie wieder soll mein Volk sich schämen müssen.

Joel 2,27